装幀百花

菊地信義のデザイン

kikuchi nobuyoshi

菊地信義

水戸部 功 編

講談社文芸文庫

やっぱり本というのは、
どこか品があって、格があって落ち着いて、
そこに相対して心を澄ましてくれるような印象が、
まず第一になければいけないと思うんです。
それはなにも、いわゆる古めかしいという意味じゃなくて、
常にその時代時代のなかのある視覚の環境のなかで、
時代の流行を一方で意識しながら、
結果として落ち着かせる方につくということだと思うんですね。
本を落ち着かせたいと思っています。

斜体 I

カバーの文字に、人は斜めから出会うこともある。
カバーに斜めに入った文字は斜めから見ればまっすぐに見え、
平台の正面から見れば斜めになっている。
書体がなんであれ、それだけで、見る人の角度によって、
人の目を惹くことができるのではないかという
「気づき」があったのです。

1　樹影
佐多稲子　1988.02

佐多稲子
sata ineko
樹影
kōdansha
bungei bunko

3

2

2 アカシヤの大連
清岡卓行　1988.02

3 雪の下の蟹・男たちの円居
古井由吉　1988.02

4 夕べの雲
庄野潤三　1988.04

5 忠臣蔵とは何か
丸谷才一　1988.02

4

5

7

6

8

6 群棲
黒井千次　1988.02

7 火の河のほとりで
津島佑子　1988.02

8 清貧の書・屋根裏の椅子
林 芙美子　1993.04

9 萩原朔太郎
磯田光一　1993.01

9

10

10 われ逝くもののごとく
森 敦 1991.01

11

11　村の家・おじさんの話・歌のわかれ
中野重治　1994.03

室生犀星
murou saisei
蜜のあわれ
われはうたえども
やぶれかぶれ
kōdansha
bungei bunko

14

13

15

12 蜜のあわれ・
われはうたえどもやぶれかぶれ
室生犀星　1993.05

13 万延元年のフットボール
大江健三郎　1988.04

14 スミヤキストQの冒険
倉橋由美子　1988.02

15 走れトマホーク
安岡章太郎　1988.06

16

16　ボードレールと私
西脇順三郎　2005.08

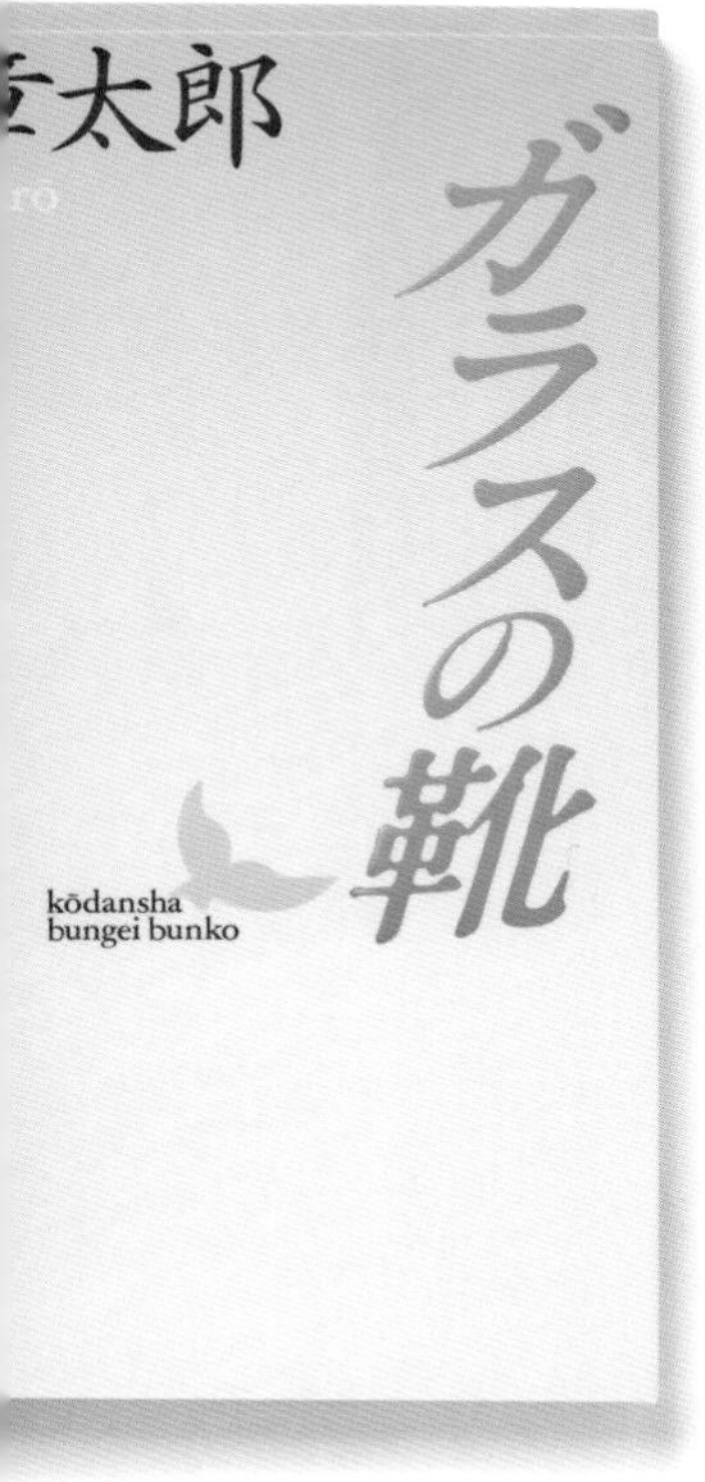

18

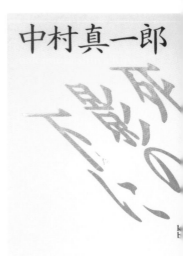

17

17 死の影の下に
中村真一郎　1995.12

18 ガラスの靴・悪い仲間
安岡章太郎　1989.08

18

19　ヤマネコ・ドーム
津島佑子　2017.05

20　さようなら、ギャングたち
高橋源一郎　1997.04

20

19

ボケ文字が人と文字の距離を表現に取り入れるとすれば、
斜体は人と文字の角度を取り込む、
つまり人の身体を文字表現に取り入れるということになります。

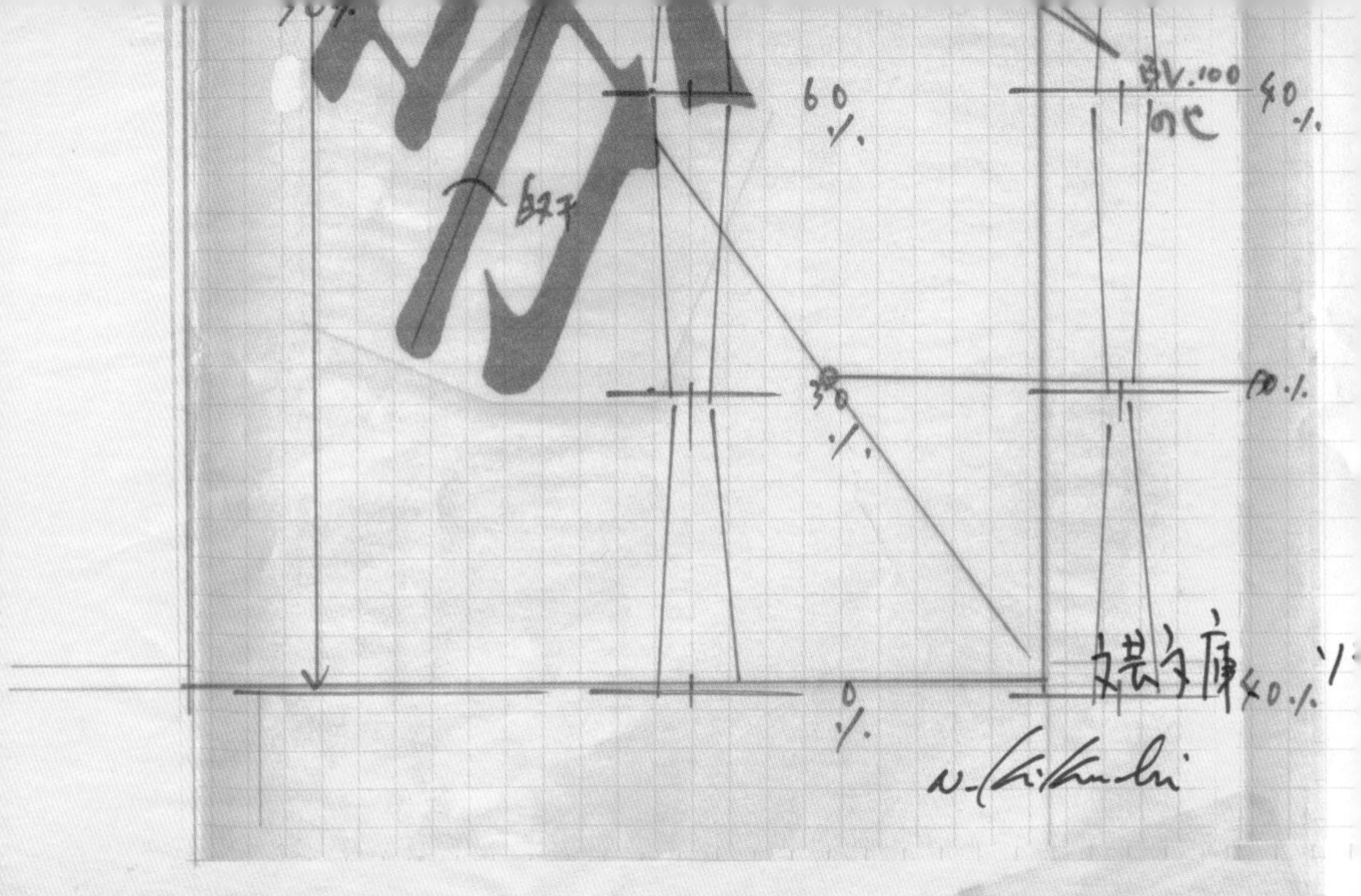
60 %
30 %
0 %
40 %
文芸文庫

変形 Ⅱ

象形文字といわゆる表音文字、
記号を並べるだけの文字では違う。
たとえば漢字の「鷹」という字は斜体をかけることによって、
飛んでる鷹に見える。
丸ゴチを使えばアニメの鷹になる。
ところが欧文で「Bird」と書いて、
それに斜体をかけても鳥にはならない。
これは漢字とアルファベットの違いでしょう。
日本の装幀が豊かなのは、
漢字とかなの文化だからだと思います。

21 鷹
石川 淳　1988.10

21

23

22

24

22 兵隊宿
竹西寛子　1991.07

23 愛について
大岡昇平　1993.08

24 贋学生
島尾敏雄　1990.11

25 骨の肉・最後の時・砂の檻
河野多恵子　1991.07

25

長谷川四郎
hasegawa shirō
阿久正の話
kōdansha
bungei bunko

26

岡本かの子
巴里祭
河明り
kōdansha
bungei bunko

27

大江健三郎
静かな生活
kōdansha
bungei bunko

28

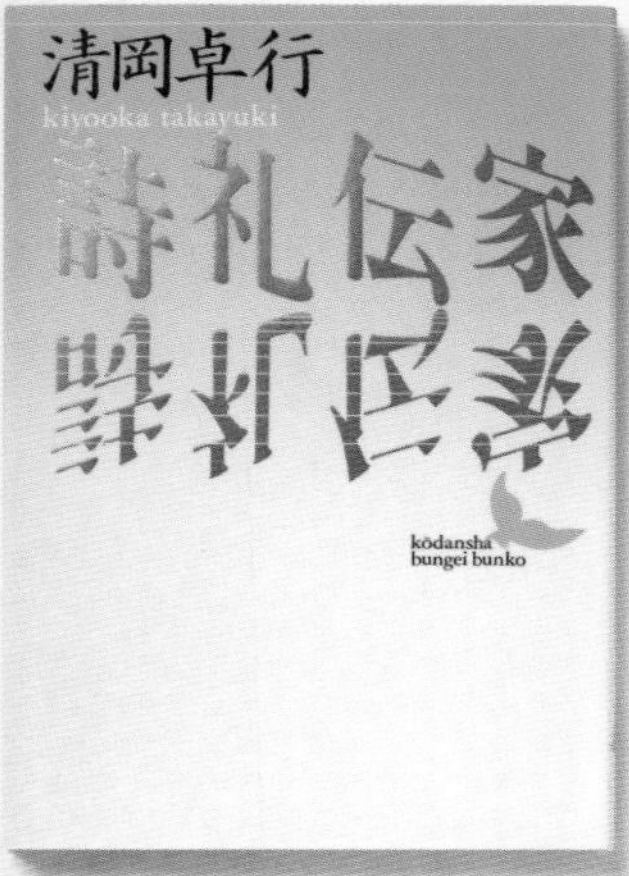
清岡卓行
kiyooka takayuki
詩礼伝家
kōdansha
bungei bunko

29

31

30

32

26 阿久正の話
長谷川四郎　1991.11

27 巴里祭・河明り
岡本かの子　1992.10

28 静かな生活
大江健三郎　1995.09

29 詩礼伝家
清岡卓行　1993.07

30 無きが如き
林 京子　1989.07

31 むらぎも
中野重治　1989.05

32 私の『マクベス』
木下順二　1993.02

33

33 熊野集
中上健次　1988.02

34 化粧
中上健次　1993.08

オペレーターの届けてくれた写植の印画紙のはしっこの方に
ボヤッとしている字があるわけです。
その文字がまたとてもおもしろくて、意識的にこういうふうに
ボヤッとさせることはできないのかなと思ったんですね。

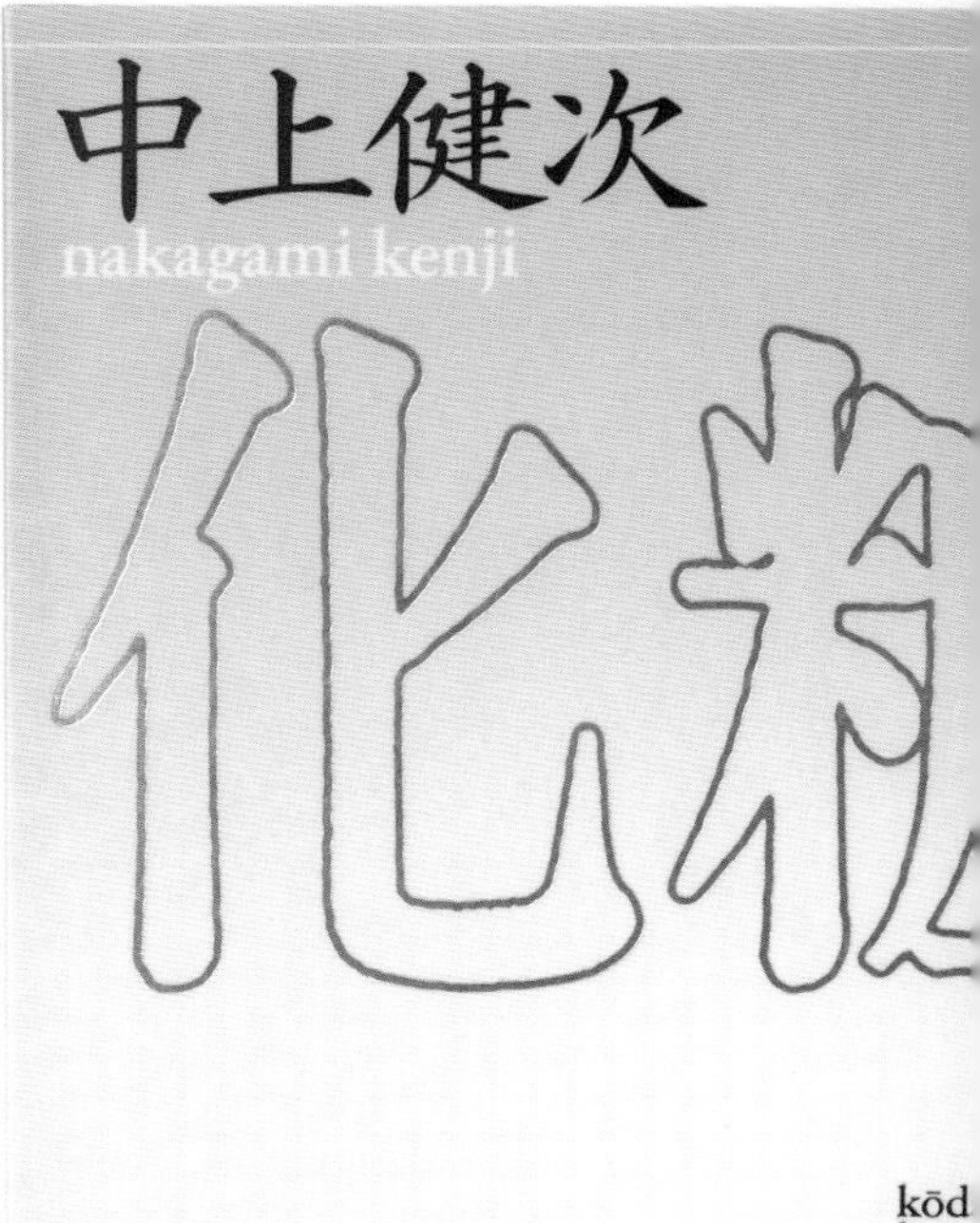

34

書き文字からも
写植の文字を選ぶことからも締め出されたとき、
デザイナーは何ができるか。

35

35 狂人日記
色川武大　2004.09

36 未葬の時
桐山 襲　1999.11

36

37

39

38

40

37 たんぽぽ
川端康成　1996.01

38 絵合せ
庄野潤三　1989.06

39 暗室
吉行淳之介　1988.05

40 日本文壇史 1　開化期の人々
伊藤 整　1994.12

41

42

装幀家はもうほんとうに「と」と「の」に苦労します。

41 錨のない船（上）
加賀乙彦　1988.02

42 夢の島
日野啓三　1988.05

43 或る一人の女の話・刺す
宇野千代　1989.11

43

哀しき父

椎の若葉

哀しき父

椎の若葉

文壇史

131

Ⅲ 図像

ぼくには、コピーで生まれる図像に強く魅かれるところがあります。
光が一瞬通過して感光させて定着させるわけでしょう。
ああいう非常に強い光が一瞬通って、
そこに影みたいに表われる図像――。

44　眼の哲学・利休伝ノート
青山二郎　1994.03

青山二郎
現代日本のエッセイ
aoyama jirō
眼の哲学
利休伝ノート
kōdansha
bungei bunko

44

45

46

45 角帯兵児帯・わが半生記
木山捷平　1996.11

46 同時代としての戦後
大江健三郎　1993.10

萩原朔太郎
現代日本のエッセイ
hagiwara sakutarō
虚妄の正義
kōdansha
bungei bunko

47

49

48

50

47 虚妄の正義
萩原朔太郎　1994.01

48 文学の運命
大岡昇平　1990.02

49 安吾のいる風景・敗荷落日
石川 淳　1991.06

50 父の帽子
森 茉莉　1991.11

52

51

トレスコープ*の時間というのは、
瞬発力がすべてのような
ところがあります。

*トレスコープ＝清刷りの文字や写真を
拡大縮小して投影し、トレースする装置。

51 十一面観音巡礼
白洲正子　1992.08

52 かくれ里
白洲正子　1991.04

53 大川の水・追憶・本所両国
芥川龍之介　1995.01

54 愛酒樂酔
坂口謹一郎　1992.04

55 雉子日記
堀 辰雄　1995.05

56 ふらんす人
辰野 隆　1991.08

芥川龍之介
現代日本のエッセイ
akutagawa ryunosuke
kōdansha
bungei bunko
大川の水
追憶
本所両国

53

坂口謹一郎
現代日本のエッセイ
愛酒樂酔
kōdansha
bungei bunko

54

堀辰雄
現代日本のエッセイ
雉子日記
kōdansha
bungei bunko

55

辰野隆
現代日本のエッセイ
tatsuno yutaka
ふらんす人
kōdansha
bungei bunko

56

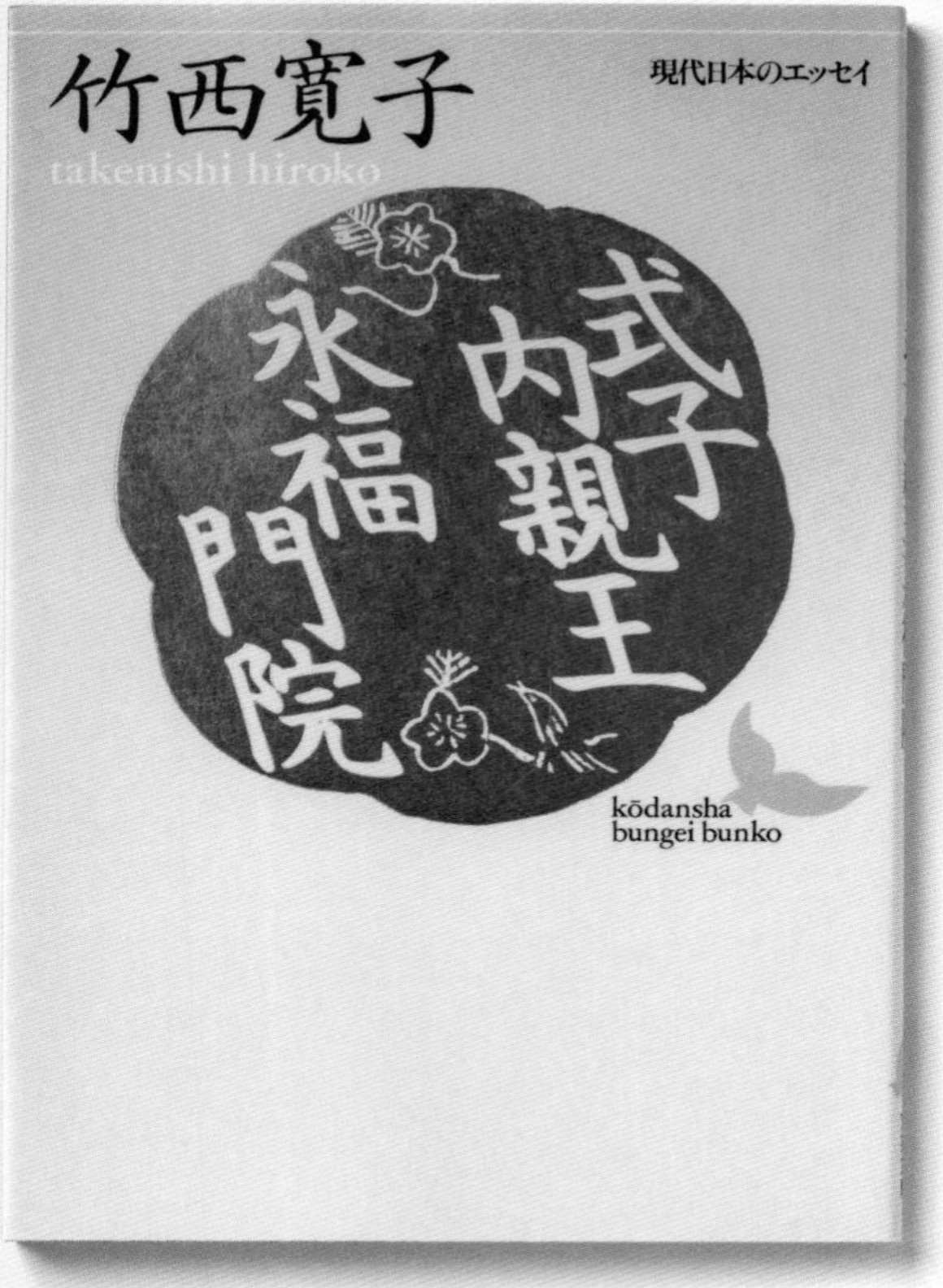

57

57　式子内親王・永福門院
竹西寛子　1993.11

58

58　ちぎれ雲
幸田 文　1993.02

59

59　古典の細道
白洲正子　1994.11

60

60 思い出すままに
吉田健一　1993.07

62

61

61　夢の力
中上健次　1994.08

62　絶望の精神史
金子光晴　1996.07

63　日本のルネッサンス人
花田清輝　1992.02

64　厄除け詩集
井伏鱒二　1994.04

63

64

文芸書にとって、図像の要素は、
非常に難しいことなんですが、
ある種の記号性、
人を引っぱっていくうえでの
ある了解性の側面と、
非了解というか、
了解できない側面との接点、
……そこが大変に重要な、
図像を扱ううえでの問題だと
思っているわけです。

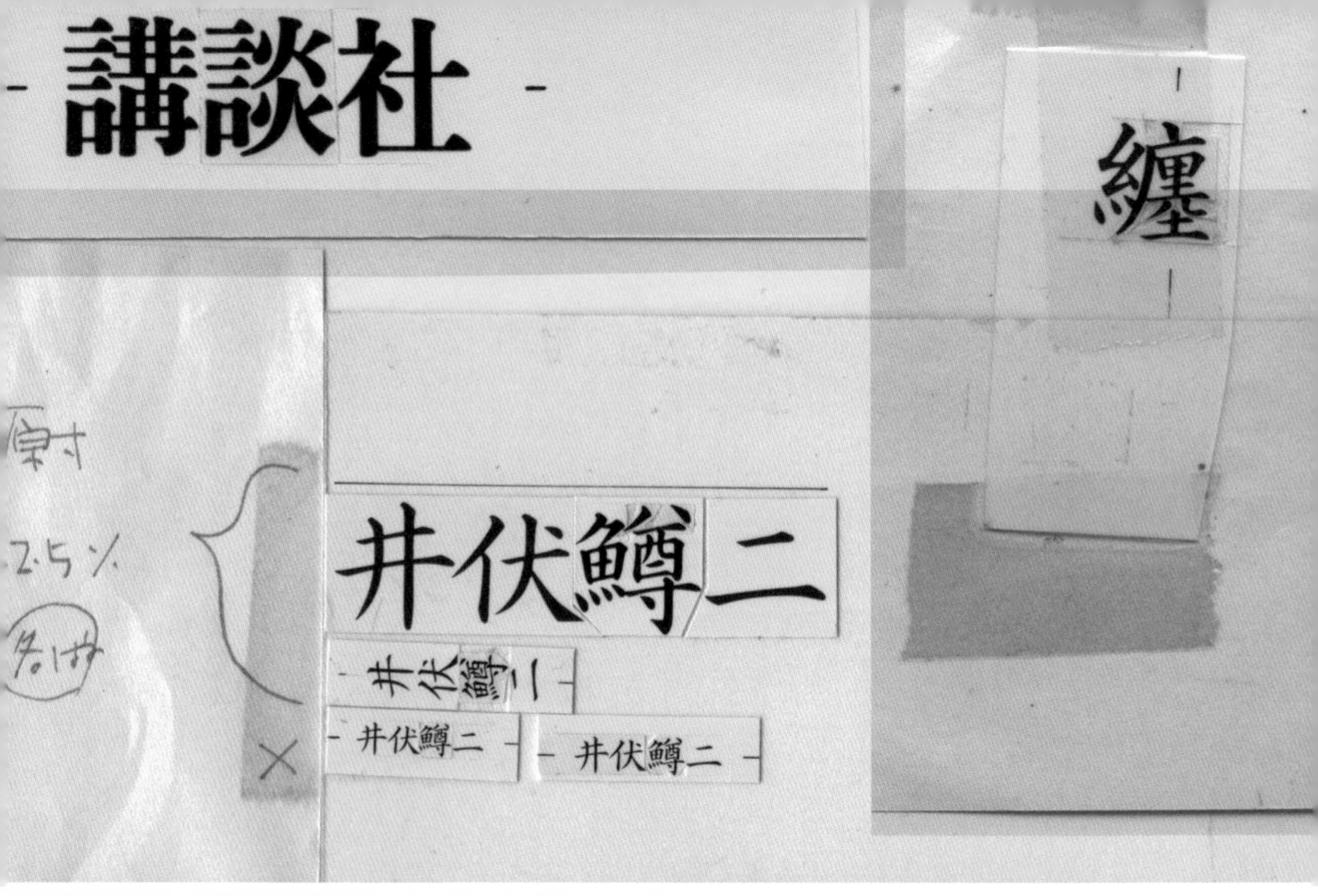
講談社
纏
井伏鱒二
井伏鱒二
井伏鱒二
井伏鱒二
原寸
2.5%

Ⅳ 字体

あくまでも人が物を知覚するという過程において、
文字という一つの記号は、
色や図像やマチエールと比べると、
最も重要なというか、
むしろ知覚するという関係において
最も具体的なアイテムだと思うわけです。

65

66

66 水
古井由吉　1994.04

67

67 槿
古井由吉　2003.05

68

68　ゴットハルト鉄道
多和田葉子　2005.04

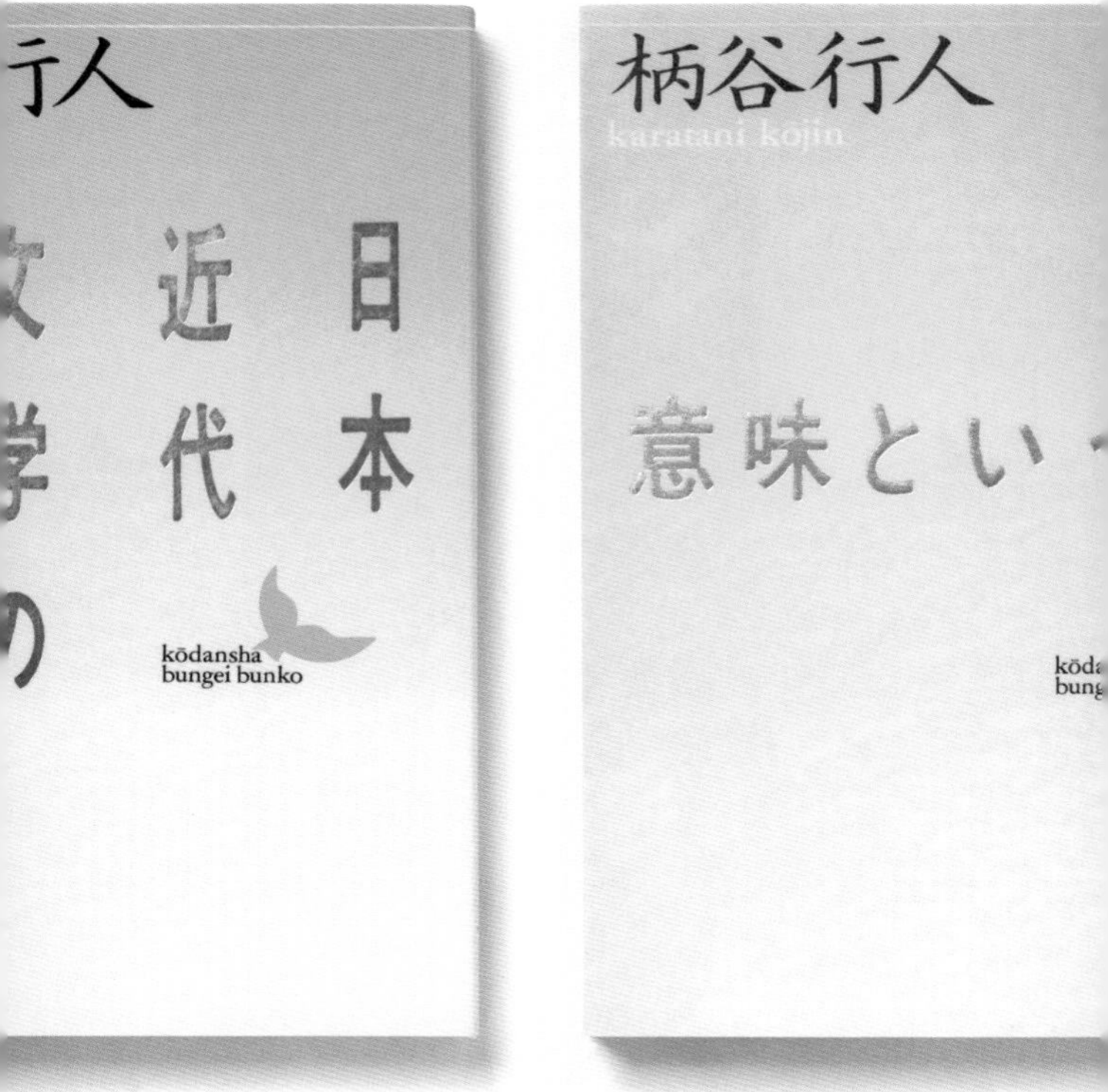

70　　69

69　意味という病
柄谷行人　1989.10

70　日本近代文学の起源
柄谷行人　1988.06

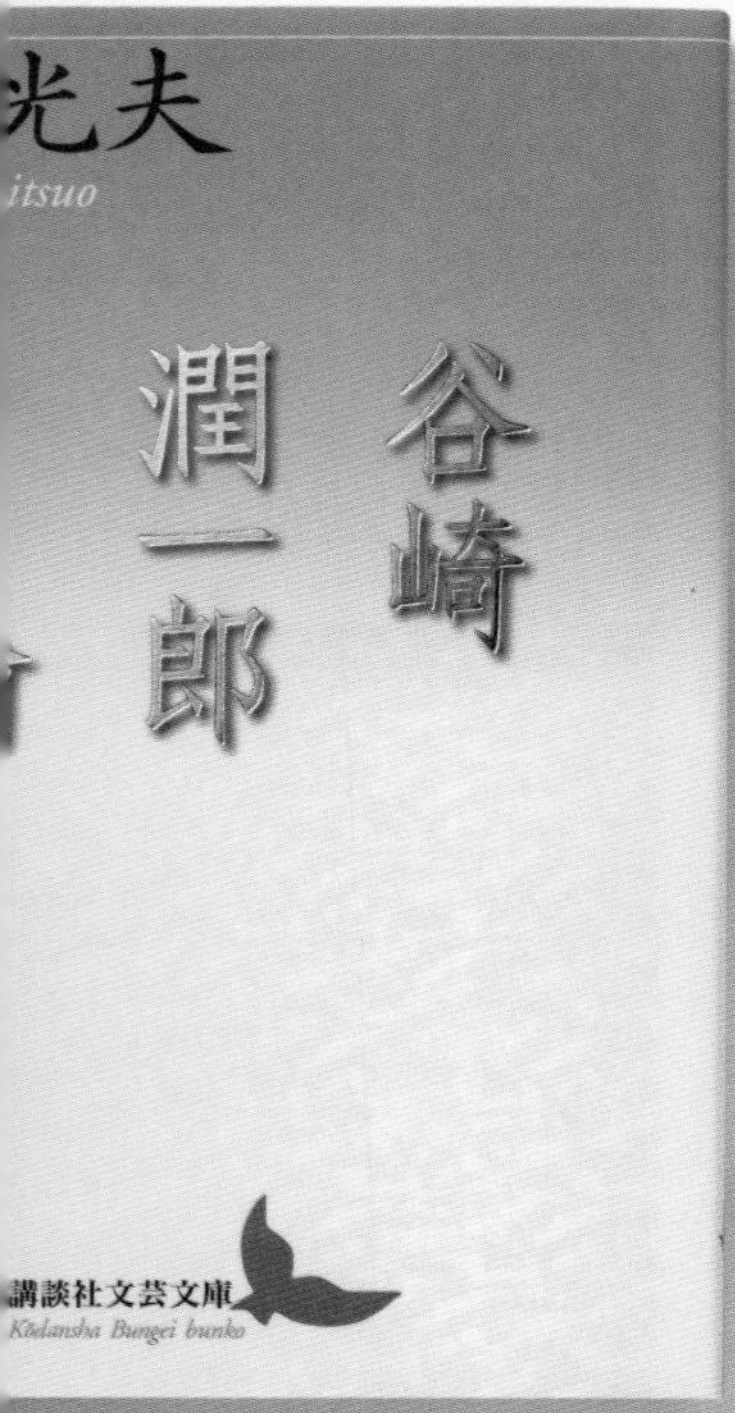

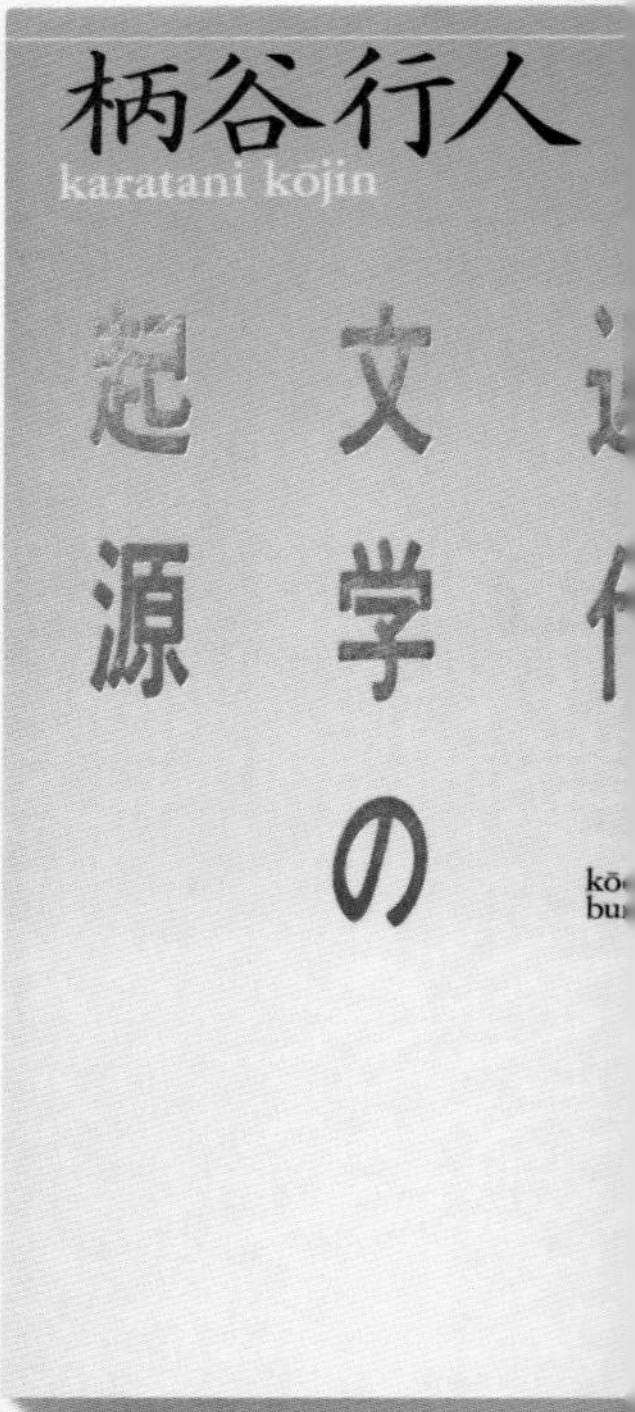

70

71　谷崎潤一郎論
中村光夫　2015.08

72　男
幸田 文　2020.07

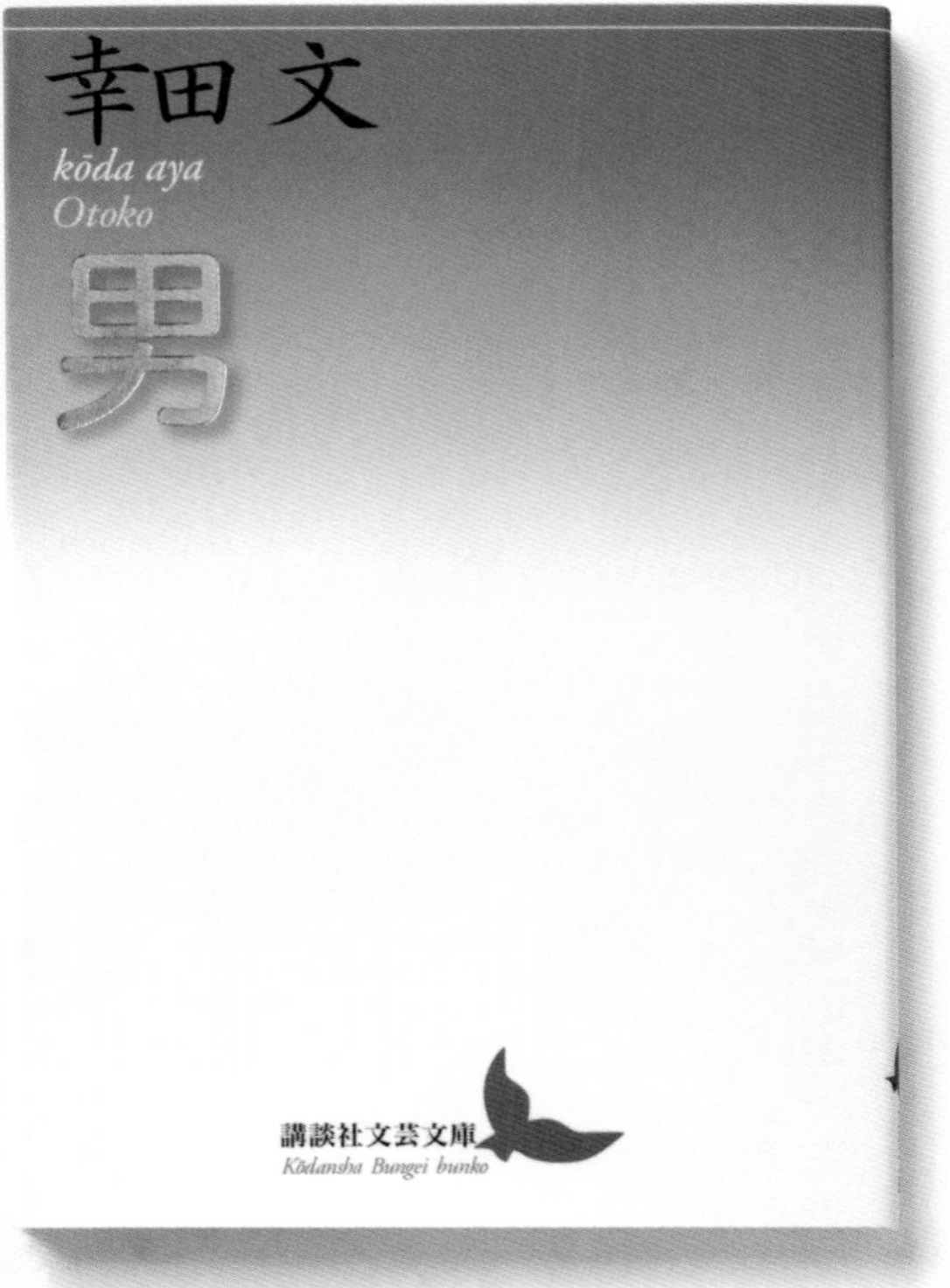

72

71

もっと自由な、ぼくの私性みたいなものから自由にあって、
なおかつ機能を果たせる文字、
または図像の定着のさせ方はないだろうかと思う。

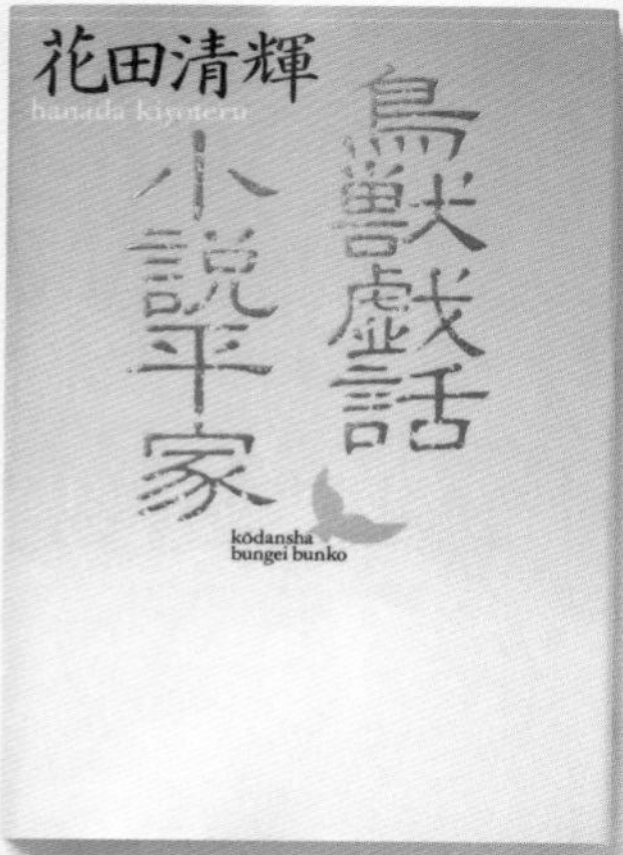

73

74

75

73 鳥獣戯話・小説平家
花田清輝 1988.10

74 ゆれる葦
網野 菊 1994.11

75 永井荷風
磯田光一 1989.01

76 澪標・落日の光景
外村 繁 1992.06

76

77

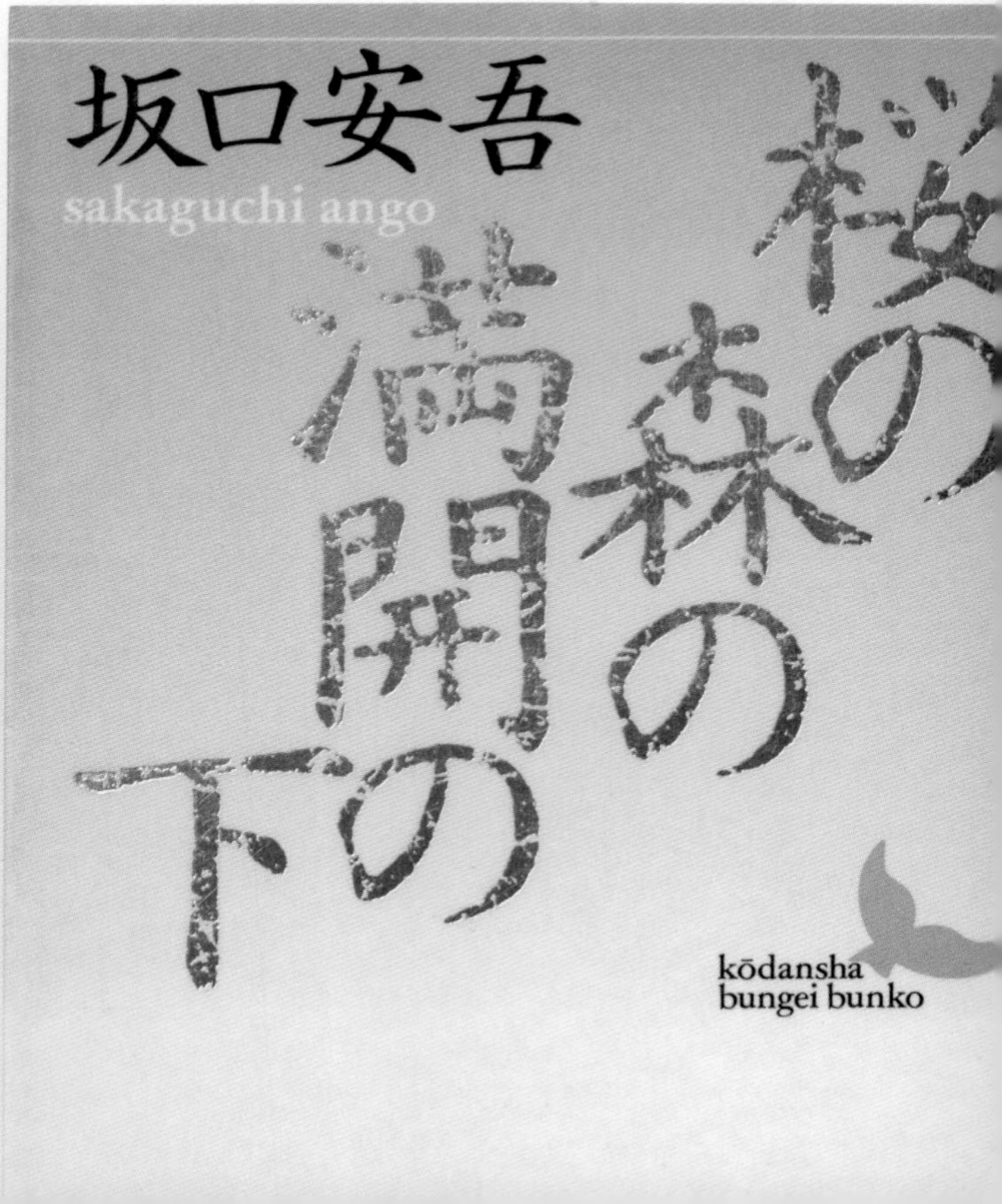

79

78

80

77 桜の森の満開の下
坂口安吾　1989.04

78 抱擁家族
小島信夫　1988.02

79 人称代名詞
野坂昭如　1988.10

80 時間
黒井千次　1990.01

ムへ別紙のシャドー部分をネームより1mm下、1mm右へ B(ダイレクトで)ケヌキアワセ。

焼き込み。ネームの中、地色・シャドーヌキ、白ヌキ。

のシャドー部分をネームより0.8mm下、0.8mm右へ B(ダイレクトで)ケヌキアワセ。

へ焼き込み。ネームの中A.30%ふせ

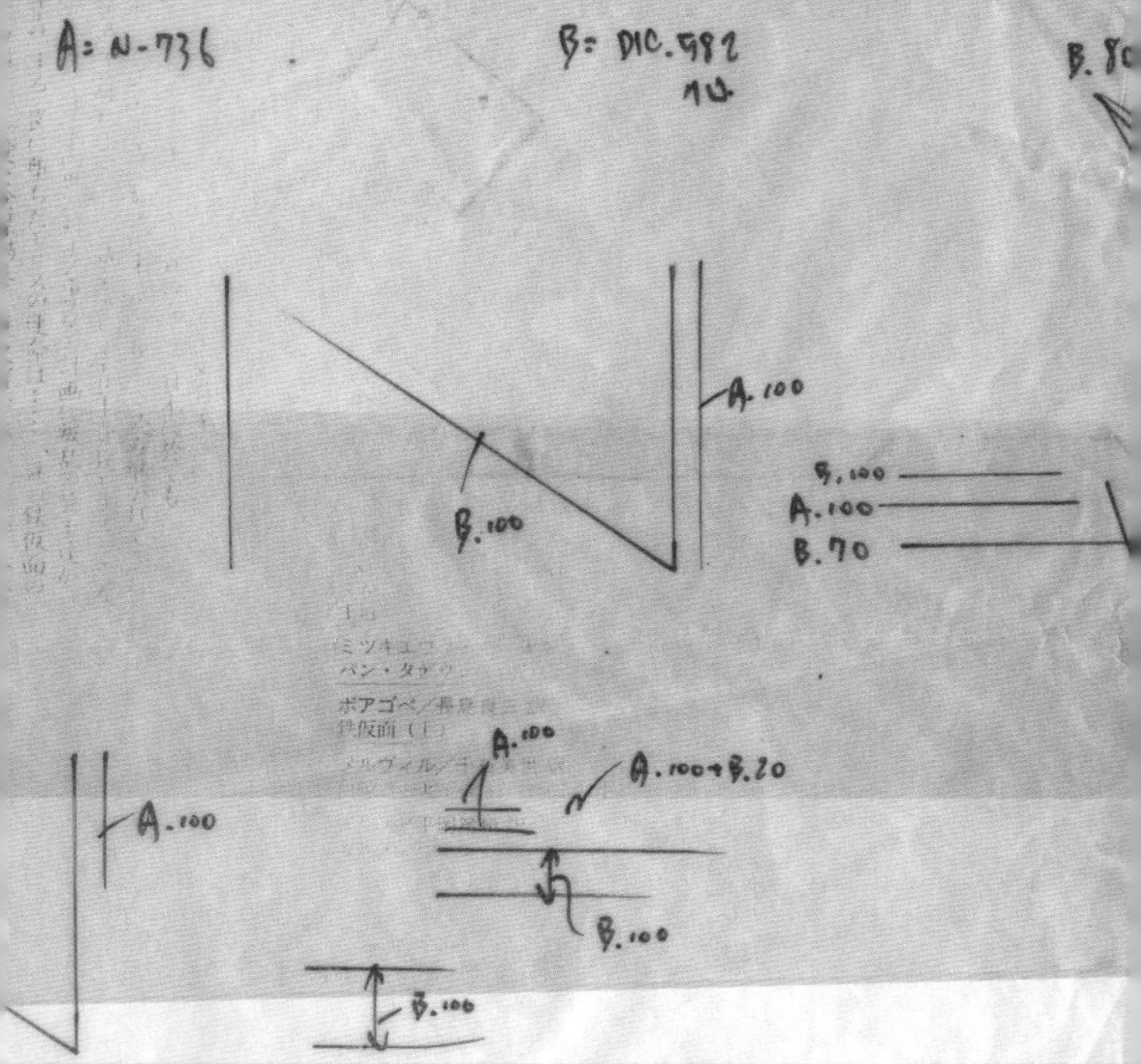

明治・大正篇

講談社文芸文庫

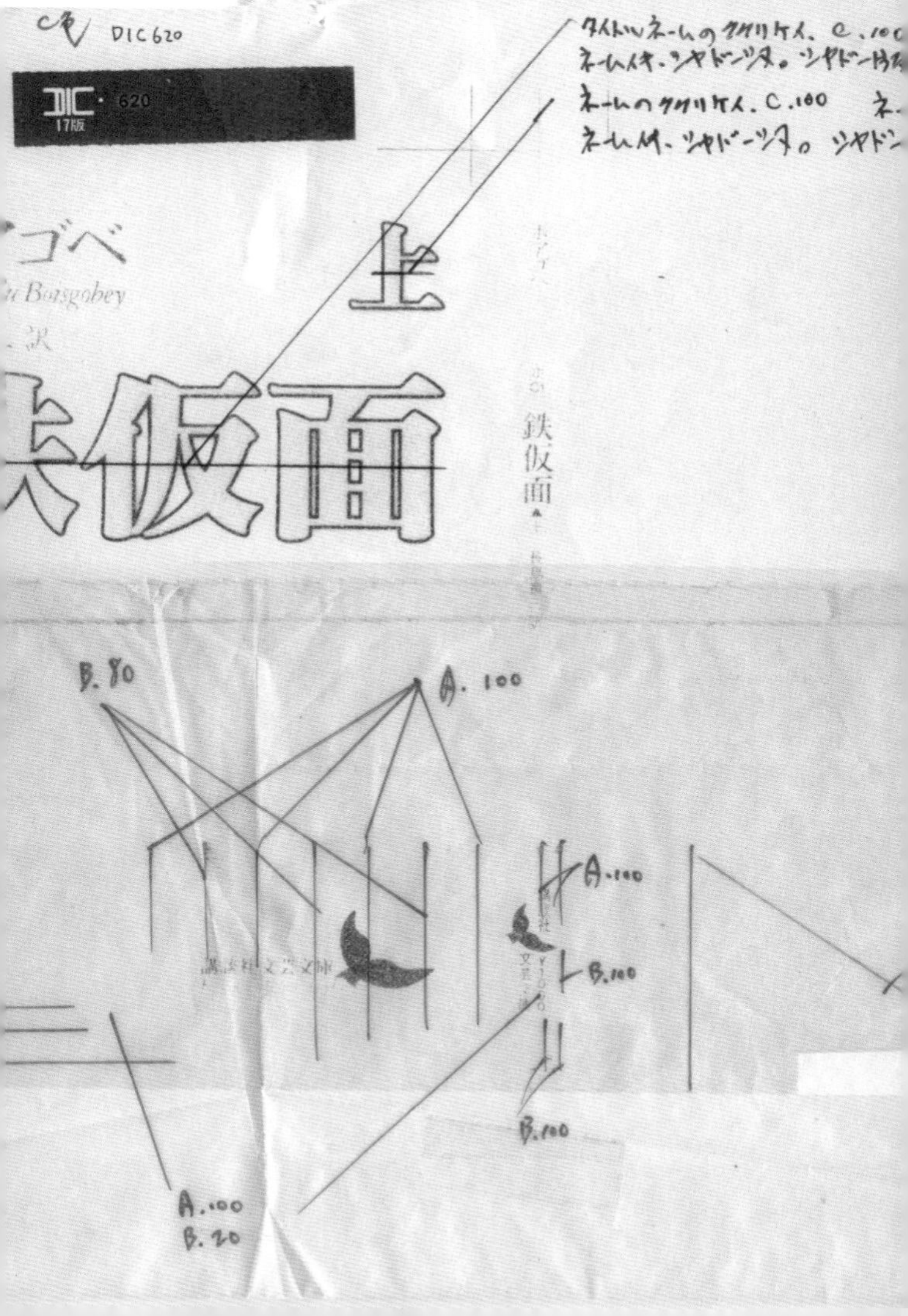

DIC620
DIC・620
17版
ゴベ
Boisgobey
訳
上
鉄仮面
鉄仮面 上
B.80
A.100
A.100
B.100
B.100
A.100
B.20

柄谷行人[編]

近代日本の批評 II

昭和篇[下]

柄谷行人[編]
●B5
近代日本の批評 II 昭和篇 下

9784061975927
1920195009802
ISBN4-06-197592-7
C0195 ¥980E (0)

近代日本の批評 II
昭和篇 下
柄谷行人[編]
●B5
定価：本体980円
※消費税が別に加算されます。

戦後の批評は、はたして「戦争」の後の批評たりえただろうか。……「戦争」の前の批評たりえただろうか。(柄谷行人「あとがき」)
従来の戦後という認識を、昭和中期・昭和後期として、新たな視点から批評史を分析。敗戦から高度成長期を経て戦後体制の終焉までの文学と思想の歴史を徹底的に検討。浅田彰、柄谷行人、蓮實重彥、三浦雅士による共同討議第二弾。一九四五年から一九八九年にわたる批評史略年表を付す。

日本近代文学の起源
意味という病
畏怖する人間
近代日本の批評 I 昭和篇 上
近代日本の批評 II 昭和篇 下

中原フク一 述
村上護一 編

講談社

寿岳文章
寿岳しづ

日本の紙
紙漉村旅日

現代日本のエッセイ

寿岳文章
寿岳しづ
●E1
日本の紙

9784061962682
1910195009803
ISBN4-06-196268-X
C0195 P980E (0)

寿岳文章は、その高い志具現のために強烈な個性をもち、真の美を究極まで
それを書物という形に実現するため
傾ける。寿岳文章の確かな業績は、し
夫、文章への愛にみちた理解なしには考
この希有な夫妻の共同作業の代表作
『向日庵消息』ほか、和紙をめぐるエッセ

中原フク一 述
村上護一 編

構成 V

私がここで提示したのは、余白というひとつのカタチです。
書名と著者名だけを機能として入れ、
そこにあふれ生まれる余白、
不安定な余白がどういうふうに読者の目を誘い込むか。

81 聖耳
古井由吉　2013.06

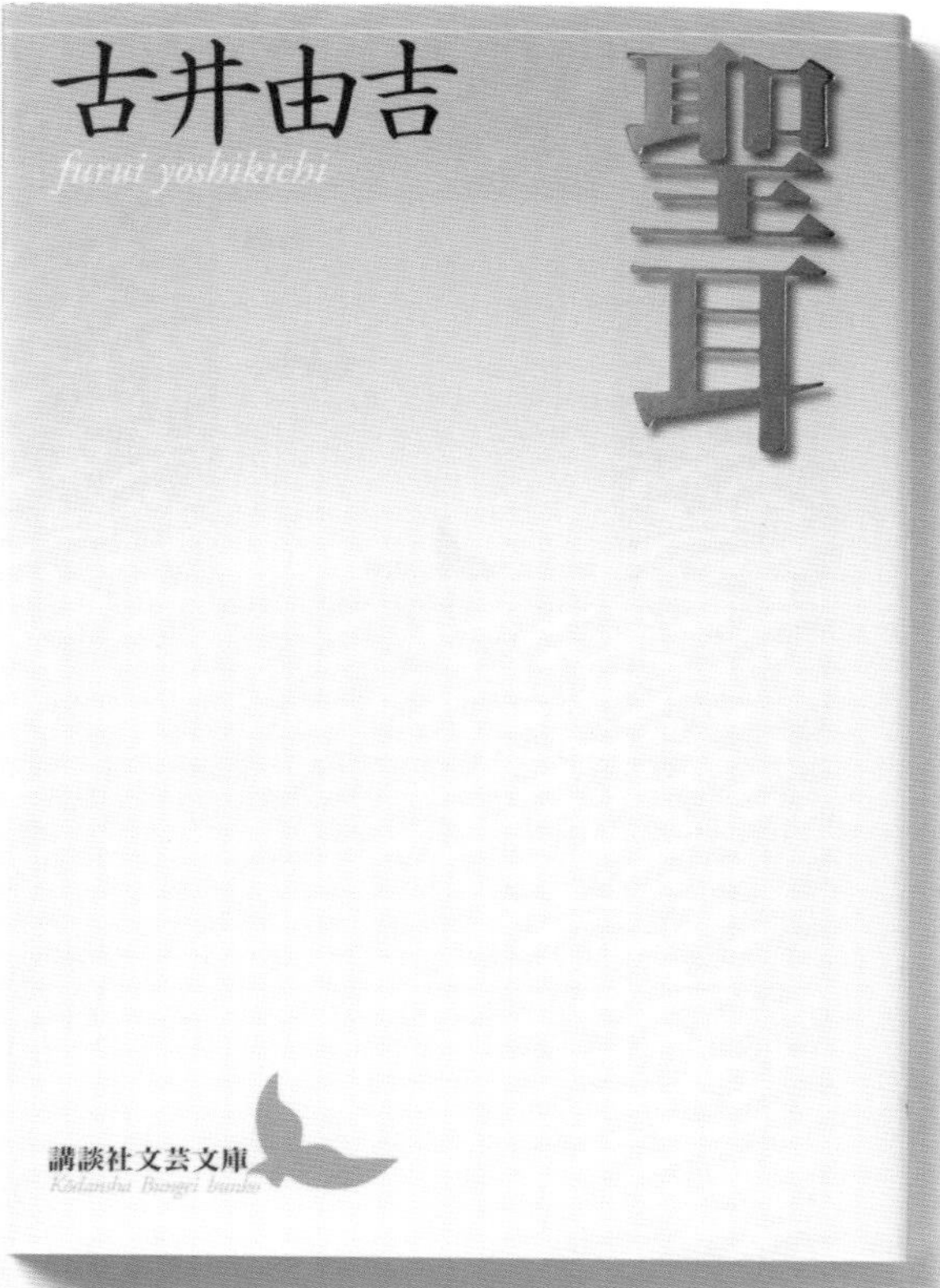

81

83

82

84

82 戦後詩　ユリシーズの不在
寺山修司　2013.08

83 単純な生活
阿部 昭　1989.02

84 中原中也全訳詩集
中原中也　1990.09

85 K
三木 卓　2017.02

85

87

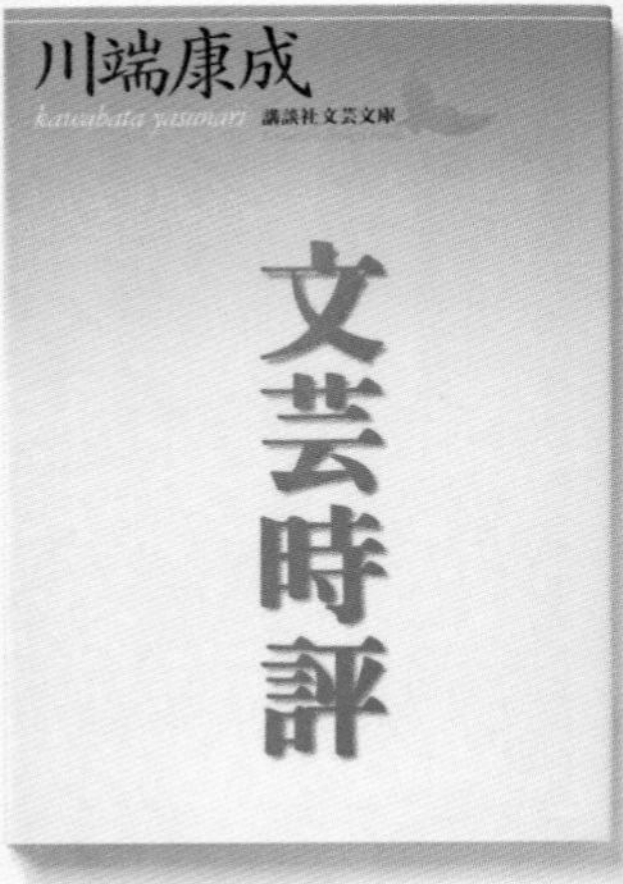

86

86 文芸時評
川端康成　2003.09

87 未成年・桃　阿部昭短篇選
阿部 昭　2009.09

88 大阪の宿
水上瀧太郎　2003.08

89 鬼火・底のぬけた柄杓
吉屋信子作品集
吉屋信子　2003.03

90 愛の生活・森のメリュジーヌ
金井美恵子　1997.08

91 光の曼陀羅　日本文学論
安藤礼二　2016.04

92 ジョン・レノン対火星人
高橋源一郎　2004.04

88

吉屋信子
yoshiya nobuko
鬼火
底のぬけた柄杓
吉屋信子作品集
講談社文芸文庫

89

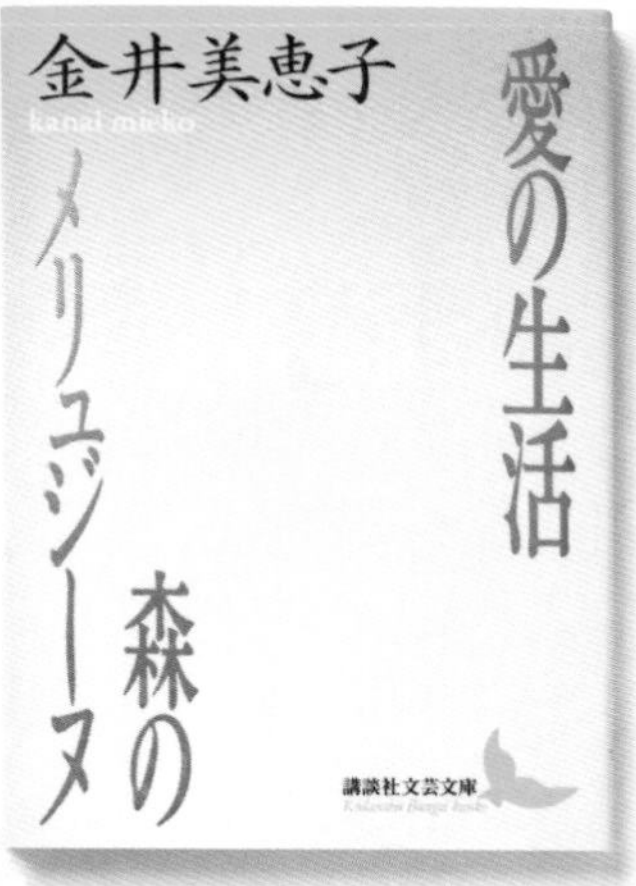
金井美恵子
kanai mieko
愛の生活
森のメリュジーヌ
講談社文芸文庫

90

安藤礼二
andō reiji
光の曼陀羅
日本文学論
講談社文芸文庫

91

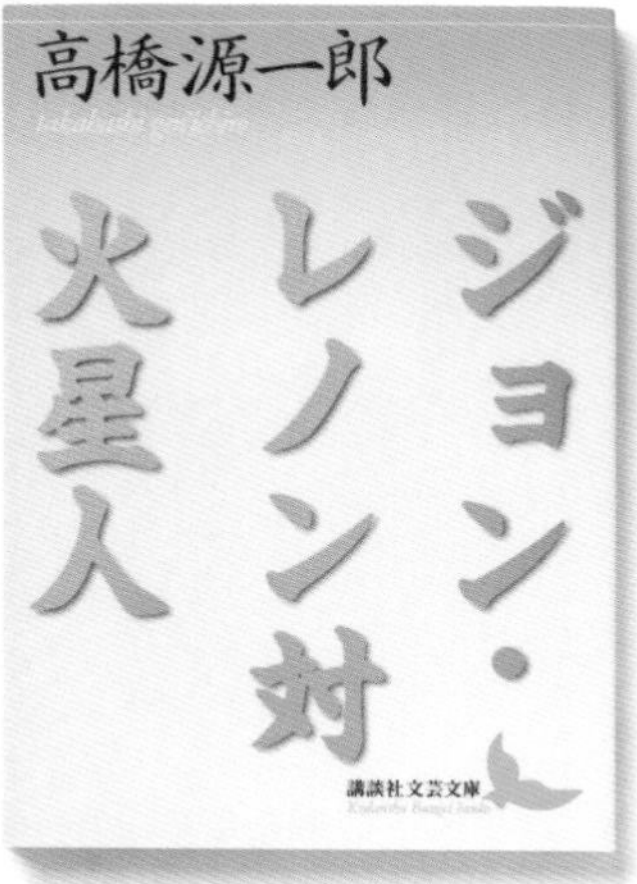
高橋源一郎
ジョン・レノン対火星人
講談社文芸文庫

92

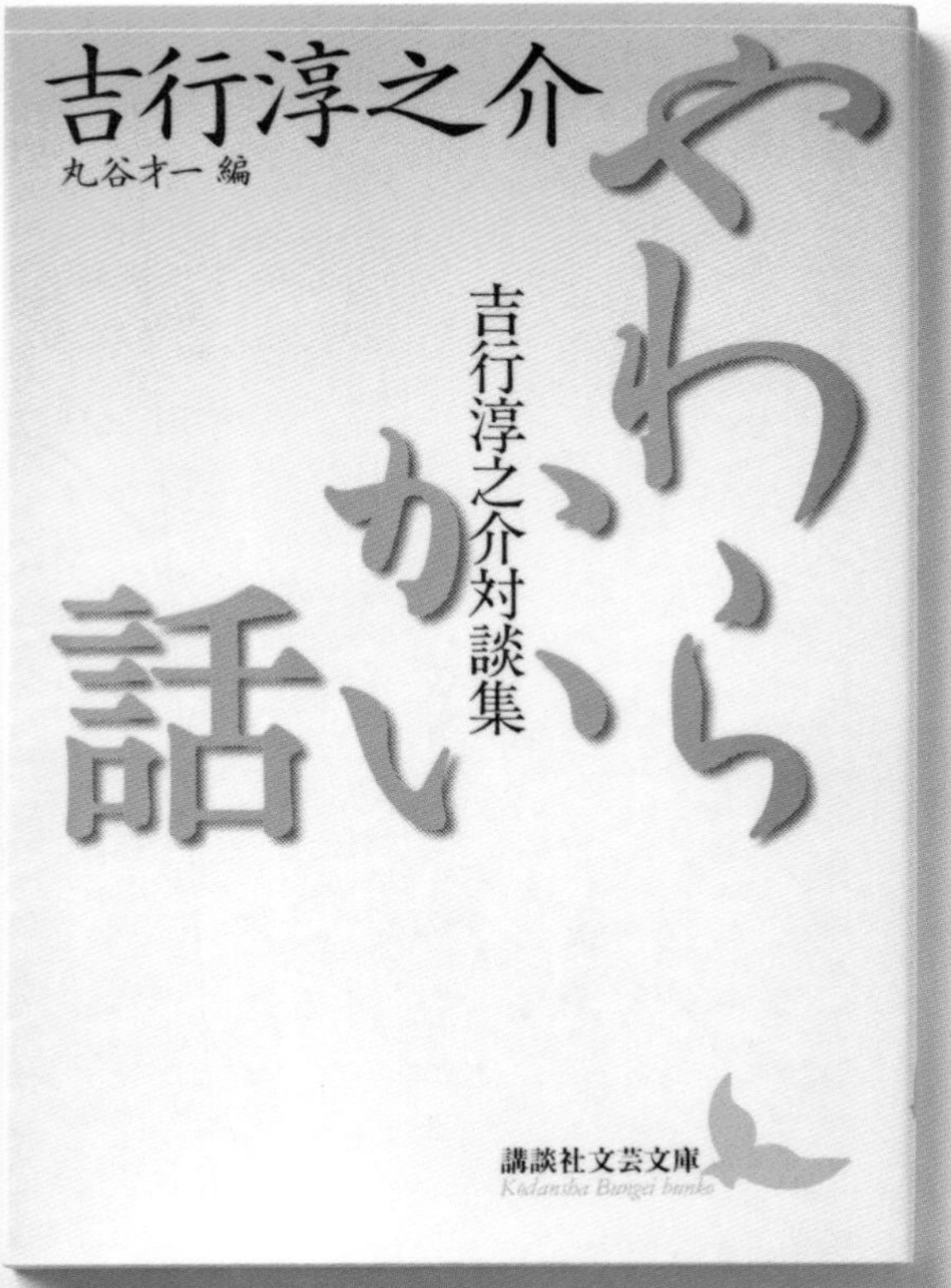

93

93　やわらかい話　吉行淳之介対談集
吉行淳之介　2001.07

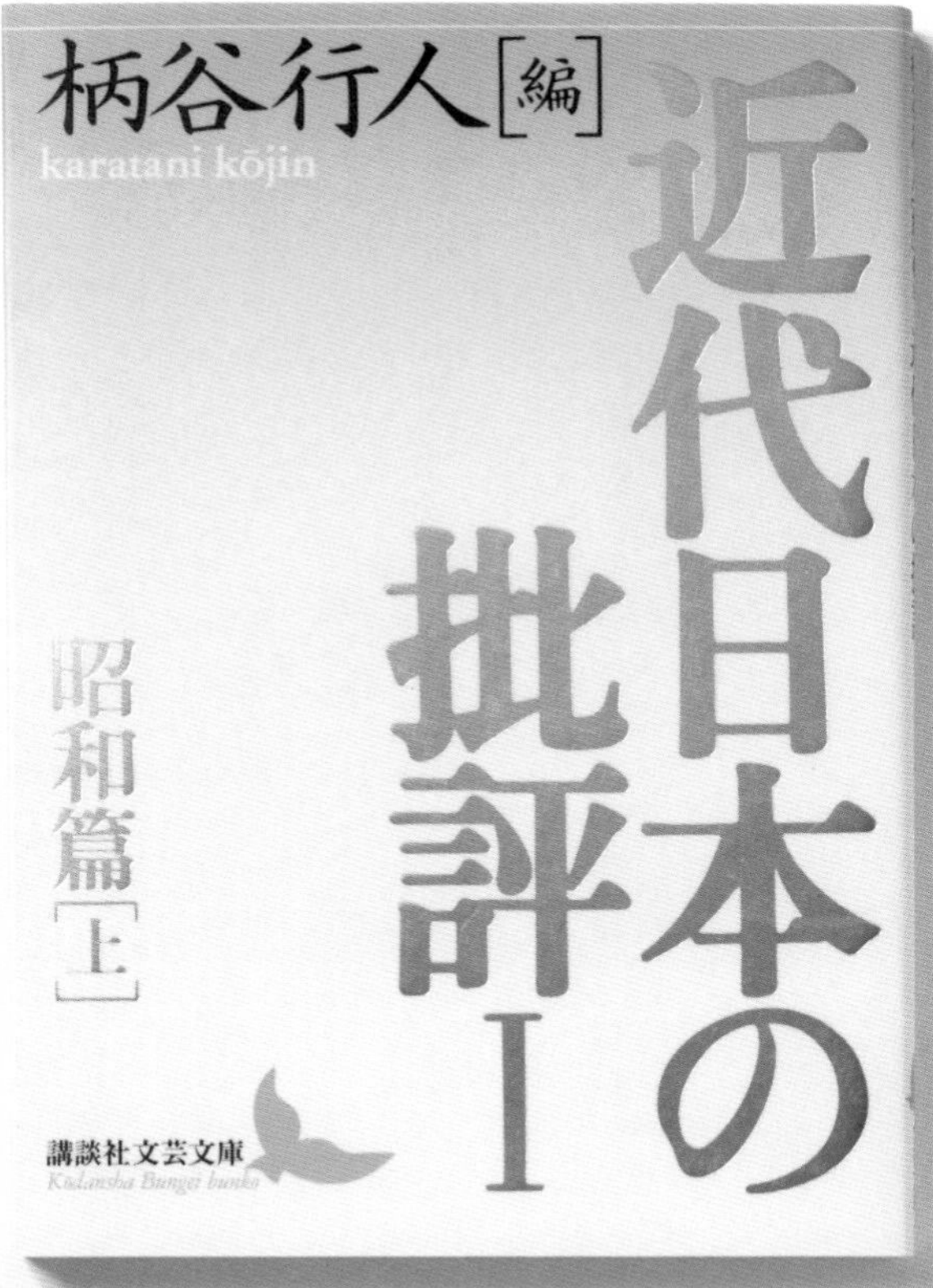

94

94 近代日本の批評 I 昭和篇（上）
柄谷行人編 1997.09

古井由吉
furui yoshikichi
仮往生伝試文
講談社文芸文庫
Kōdansha Bungei bunko

95

98

98 文芸的な、余りに文芸的な・饒舌録
ほか　芥川vs.谷崎論争
芥川龍之介・谷崎潤一郎　2017.09

99

99　天使よ故郷を見よ（上）
トマス・ウルフ　2017.06

100

100　テクストから遠く離れて
加藤典洋　2020.04

101　柄谷行人浅田彰全対話
柄谷行人・浅田 彰　2019.10

柄谷行人|浅田 彰
karatani kōjin
asada akira
柄谷行人
浅田彰
全対話

103

102

104

102　内省と遡行
柄谷行人　2018.04

103　小説作法
丹羽文雄　2017.12

104　わが文学生活
吉行淳之介　2017.11

105　子午線を求めて
堀江敏幸　2019.08

106　黴　爛
徳田秋声　2017.04

105

106

知っていても読んだことがない作品に文芸文庫で出会い、
知っているタイトルが手に取ると浮き上がって見える。
視覚的な効果で、読んでみようかと思う心をゆする。

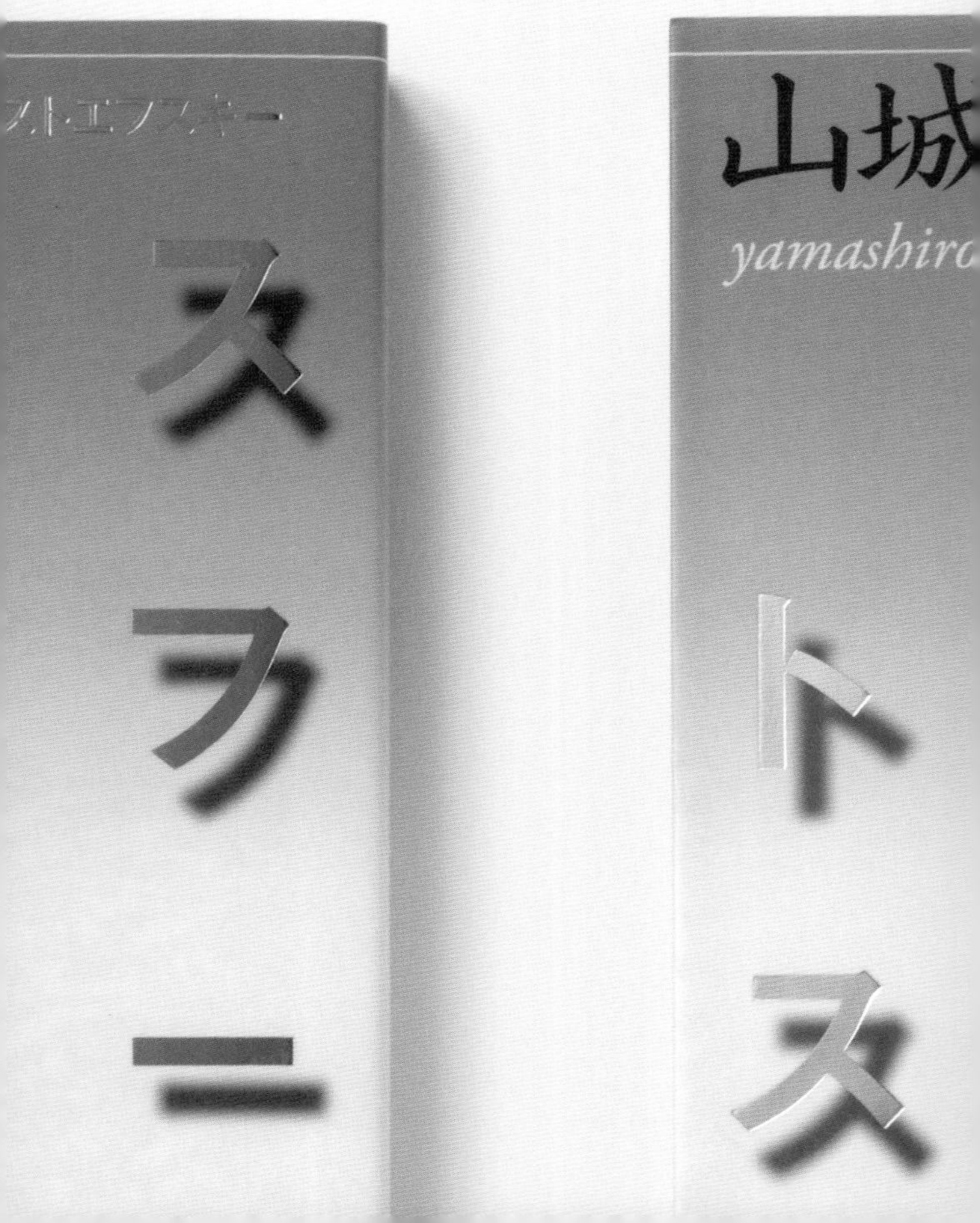
ストエフスキー
ヌ
ラ
ニ
山城
yamashiro
ト
ヌ

107　ドストエフスキー
山城むつみ　2015.12

108

108　ワイルド全詩
日夏耿之介　1995.12

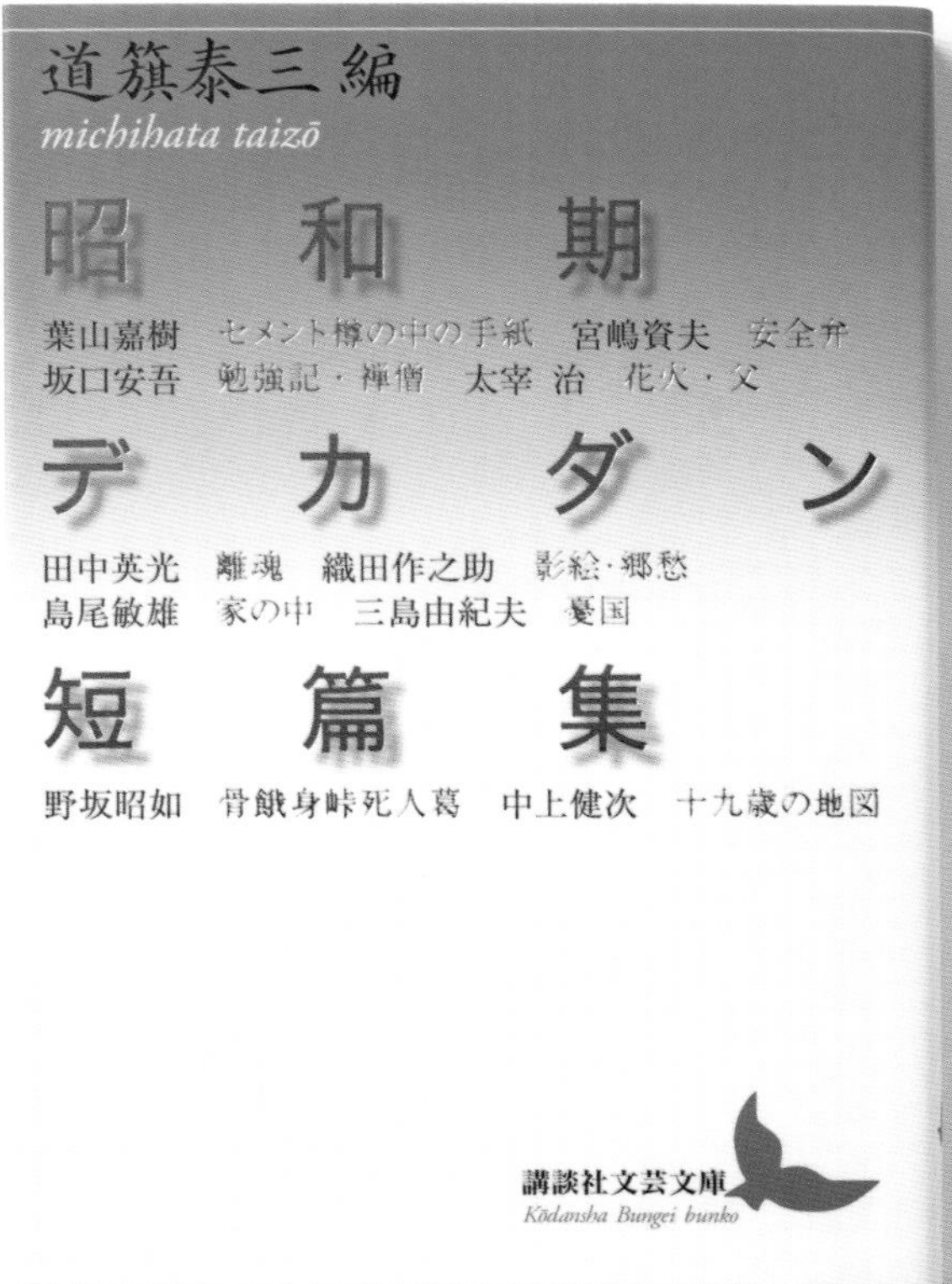

109

109　昭和期デカダン短篇集
道籏泰三編　2018.10

柄谷行人
対話篇
吉本隆明
中村雄二郎
安岡章太郎
寺山修司
丸山圭三郎
森 敦
中沢新一
柄谷行人
karatani kōjin
I
1970-83

112

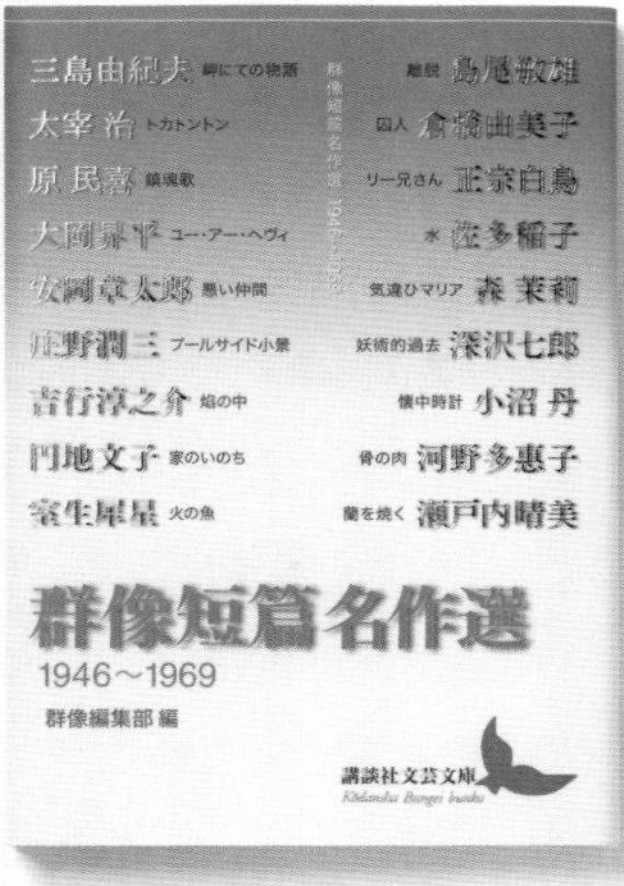

111

113

110 柄谷行人対話篇 I 1970-83
柄谷行人ほか　2021.03

111 群像短篇名作選1946〜1969
群像編集部編　2018.03

112 個人全集月報集　安岡章太郎全集・
吉行淳之介全集・庄野潤三全集
講談社文芸文庫編　2012.09

113 新古今の惑星群
塚本邦雄　2020.12

114

114 死霊 I
埴谷雄高　2003.02

116

115

115 死霊 Ⅱ
埴谷雄高　2003.03

116 死霊 Ⅲ
埴谷雄高　2003.04

117

116

117 埴谷雄高政治論集
埴谷雄高評論選書 1
埴谷雄高　2004.02

118 つげ義春日記
つげ義春　2020.03

つげ義春
tsuge yoshiharu
つげ義春日記
伝説の漫画家が
私生活の苦闘を描いた
幻の日記、初文庫化。
講談社文芸文庫
Kōdansha bungei bunko

118

119

119 講談社文芸文庫
創刊20周年記念特装版
2008.02〜2008.11

120

120 厄除け詩集　特装版
井伏鱒二
1994.06

121

121　亡命者
高橋たか子　2022.05

菊地信義の言葉　出典一覧

p2　『装幀談義』ちくま文庫　p183
p4　『新・装幀談義』白水社　p51
p17　『新・装幀談義』白水社　p51
p20　ユリイカ2019年12月臨時増刊号
「総特集*装幀者・菊地信義」　p66
p27　『装幀談義』ちくま文庫　p93
p28　『装幀談義』ちくま文庫　p90
p32　『装幀談義』ちくま文庫　p114
p36　『装幀談義』ちくま文庫　p167
p42　『装幀談義』ちくま文庫　p187
p49　『装幀談義』ちくま文庫　p127
p52　『装幀談義』ちくま文庫　p79
p59　『装幀談義』ちくま文庫　p90
p68　「本棚の世界」ビジネス・アスキームック　p71
p77　『装幀談義』ちくま文庫　p190
p83　『新・装幀談義』白水社　p60

「講談社文芸文庫 私の一冊」から
『日日の麺麭《パン》・風貌　小山清作品集』
小山 清 著

句読点のあじ

菊地信義

　文芸作品を読む楽しみは、主題や作者の情意にかかわらず、一文の一語や句読点へ迷い込み、想像を巡らすことにある。表題作の主は屋台のおでん屋、末吉四十五歳。女房に先立たれ、三つの娘おしづと四畳半一間に暮らす。末吉の日日の糧、おしづとの間合いが楽しい。好きな一文は、おしづを寝かしつける末吉の目が棚の麦藁帽子に止まる件。「お目めをつぶってごらん。ほら、大きい象さんが見えるよ。」添寝する末吉の目差に帽子の鍔は見えぬ、頂が象に見えた。「お目めをつぶってごらん。」は、子供相手の手品の呪文、ちちんぷいぷい。象が消えぬよう己に掛けた呪文でもある。で、「ほら、」の読点。明朝体の読点は左上の起筆から右下への筆跡をとどめてある。一画の右上に入る読点の余白が左の行間に溢れ、読者の目を迷わす。おしづの目差を棚へ導く末吉の指先が余白に浮かぶ。末吉の日日に力をもたらすのは、保育園の送り迎えで引くおしづの手の感触、銭湯の湯へ抱き入れる静もった肌の触感。麦藁帽子の前の件は、おしづの腹や背の疣で医者へ連れて行く。気付いたのは湯の中。見つめた疣と帽子の頂が、棚の上で一つになった、象の幻。鉤括弧の隙間から、おしづの唄うぞうさんの一語が聴こえた。見つめた句点がおしづの小さなお口に見える。

グーテンベルクの夢

解説
水戸部 功

グーテンベルクによる活版印刷の歴史が始まって以来、日本独自の出版形態として発展を遂げた「文庫」は、出版の理想の形といえる。活版印刷の発明が目指したのは、詰まるところ、言葉の複製だ。聖書を始めとするテキストを広く一般に普及させるには、それまでの、手で書き写すか木版かという方法では時間もコストもかかりすぎるため、効率的な複製技術が必須だった。活字による活版印刷の登場で初めて、テキストの万単位の複製が可能となり、本は、一部の階級だけが手にできるものではなくなり、一般大衆にも行き渡っていった。グーテンベルクは、今のような、誰もが安価で本を手に入れることができる未来を夢見ていたに違いない。その、誰もが安価で手に入れることができる本の最もミニマムな形態が、日本における「文庫」という形だ。海外ではペーパーバックと言われるものがそれにあたるが、カバーも付かず、本文紙はラフな再生紙のいかにもチープな仕様。

これはこれでまた良いものだが、日本の「文庫」は、コストを下げる方向とは別のベクトルにも発展し、通常の単行本と同じようにカバーをかけ、そのカバーにはタイトルごとに別のデザイナーが意匠を凝らすのが通例となった。とはいえ、資材はコート紙にプロセス４色で、同時に刊行される他のタイトルと付け合わせで印刷できるようにするなど、定価を抑えるため、徹底的に合理化された。

合理化され、コストを下げるというと、一見、大量生産、大量消費の粗雑なものという印象を持つかもしれないが、単行本が文庫化されるということは、テキストそのものに商品価値があるというお墨付きを得られるのと同義で、著者にとってありがたいことであり、また、出版社にとって文庫のレーベルを持つことは簡単なことではなく、その創刊ともなると社を挙げた一大事業だ。先行する各社レーベルで埋め尽くされた書店の棚を確保するため、同時に何十ものタイトルを用意し、センセーショナルな登場で、話題になることを祈って、継続の覚悟を持って創刊する。新聞広告なども大きく打ち、莫大な金額が動く。失敗は許されない。であるから、文庫のデザイン、基本設計にあたり、最大に信頼を寄せるデザイナーを任命するのは、ごく自然なことだ。デザイナーにとっても、文庫の基本設計を担当することは一生に一度あるかないかの大仕事になる。とにかく、文庫は、出版社にとっても著者にとってもデザイナーにとっても、大変重要な商品なのだ。

文庫の装幀は、まず、一ページに入る文字量と、その周りの余白を決める版面《はんづら》、目次や扉、奥付、巻末広告などの本文組みに始まり、本体表紙、カバーの袖や表４に入る内容紹介や背のレイアウトといった、全体の基本設計をするデザイナーがいて、それとは別に、各タイトルごとにカバーの表１部分を任命されるデザイナーがいる。レーベル全体のリニューアルが行われない限り基本設計は使用され続け、全巻に設計者のクレジットが表記される。

菊地信義さんによる文庫の基本設計は、講談社文庫に始まる。一九七一年、講談社の創立六十周年を機に講談社文庫が創刊されると、出版各社が文庫市場に参入し、文庫ブームが巻き起こった。一九七一年の創刊時は、東京オリンピックの公式ポスターなども手掛けた、亀倉雄策による基本設計だった。一挙に五十五ものタイトルを並べたことからも、その力の入れ具合がわかるが、約十年後の八二年十一月刊から、基本設計が菊地さんへ切り替わる。創刊時の覚悟も相当なものだが、たった十年で変えるというのはもっと覚悟を要した作業だったことは想像に難くない。相手は日本を代表するグラフィックデザインの重鎮だが、講談社は、亀倉からの後任の推薦も断り、菊地さんへ切り替えた。

切り替えの理由は、それまでの文庫の地色が暗めで、背の文字が読みづらいという声が書店員から上がったことだという。

菊地さんは、デザイナーを志して美大へ入学したが、経済の成長に伴う消費を喧伝するためのグラフィックデザイナーの養成所たる大学の教育に嫌気がさし、六五年に中退した。その前年に東京オリンピックが開催されたことは、きっかけの一つであったのだろう。講談社文庫の基本設計者の交替は、グラフィックデザイナーではない、装幀家菊地信義の台頭を示す象徴的な出来事であり、菊地さん自身にとっても感慨深いものだったと思う。講談社文庫での新しい試みとして、背の表記ではそれまでの、タイトル、著者名という並びを変えて、著者名を最上段に配置し、著者ごとに色を分け、分類の記号を載せた。その後、周知の通り、菊地さんによる基本設計は四十年間変わることなく現在も使用されている。

八五年に創刊された福武書店の福武文庫は、基本設計だけでなく、表1のデザインも、例外を除き、ほぼ全てが菊地さんによるものとなっている。表1は、判型の対角を斜めに区切った大胆なフォーマットに、図版とタイトル文字をコラージュする形で、背と同様に著者名は最も認識しやすい左上に配置し、著者名で本を探す読者への配慮をしつつ、レイアウトを合理化したものとなっている。著者名のローマ字表記なども含め、タイポグラフィは、後の講談社文芸文庫を彷彿とさせる。

福武文庫は、作品社から移った編集者寺田博が立ち上げたレーベルで、そのラインナップは、作品社の単行本から流れたものと、福武書店で刊行された単行本の文庫化によって成り立っている。純文学の色が濃いラインナップで、このあたりも文芸文庫に繋がるものと見て取れる。

少し前後するが、福武文庫同様、寺田が立ち上げた文芸誌「海燕」の書誌設計も菊地さんが担当している。「海燕」の創刊は八二年だが、その年の下半期の芥川賞受賞作、唐十郎著『佐川君からの手紙』（河出書房新社刊）も菊地さんの装幀。これが菊地さんにとって初めての芥川賞受賞作の仕事で、その後、多くの受賞作が菊地さんの装幀で刊行されていった。菊地さんの文芸書の仕事のスタートといえる中上健次『水の女』の時は著者はすでに芥川賞作家であったが、立松和平、島田雅彦、山田詠美、干刈あがた、中沢けい、増田みず子など、名前を挙げるとキリがないほどに、後の文芸シーンを作っていく作家の装幀を始め、文藝賞、野間文芸新人賞、芥川賞ほか各賞の候補作も含めて、話題の文芸書は軒並み菊地さんの装幀で書店に並び、平台を占拠した。菊地さんは八三年に東京の八重洲ブックセンターにて、まさに「平台」と冠した展覧会を開いている。主催代表は、中上健次と古井由吉。協賛に二十三社の出版社が名を連ねた。

このように、文芸の世界では右に出るものはいないほどに装幀者としての評価が高まったなか創刊されたのが、講談社文芸文庫だ。

先にも述べたように、文庫の機能は、安価で合理的にテキストを保全することにある。

しかし文芸文庫は、違う方向へ振り切った。安価ということをまず捨て、特色インキを用いた印刷にタイトル文字を箔押しする、格調高い装幀とした。その結果、文庫でありながら高価という存在そのものに矛盾を抱えた商品となった。それは他の文庫レーベルと徹底的に差異を付けるための戦略で、もちろんコストも厳密に計算されてのこと。

文庫の読者は主に、軽量で持ち運びやすく読めれば良い、そのカバー（装幀）には気を留めない、と言ってしまうとデザイナーは不必要であるようにも聞こえるかもしれないが、建築にしても工業製品にしても、そのデザインに気を留めさせず、無意識に使ってもらうことは、装飾を加えることより難しい。本もそう。過不足なく機能を果たし、かつ美しく。これがデザイナーに求められる仕事だ。とはいえ、書店では目立たなければならない。派手にすれば目立つということもなく、もちろん、シンプルにすれば目立つということでもない。あるデザインが絶対的に目立つということはあり得ず、常に相対的なものだ。平台にある本の全てが真っ赤だった場合、ポツンと一冊真っ白な本があれば目立つ。目立つということが果たして本のためなのか、読者のためなのか、わからない。装幀という仕事がすでに多くの矛盾を抱えている。その矛盾こそが文学の、装幀の深みであり、面白さだと思う。

詩人の石原吉郎は、〝詩とは、〈沈黙するための言葉〉の秩序である〟と言ったが、装幀者もまた、沈黙、すなわち余白と戦っている。デザインにおいて、緊張を生むのは常に余白だ。文芸文庫の三十五年は、余白との戦いの歴史と言える。文芸文庫創刊の翌年の八九年に行われたインタビューで、菊地さんは、次のように語っている。

しかるべき位置に、しかるべき大きさに文字を置くこと、それは僕にとってまだ自分の仕事ではないんです。そこには余白が生まれます。ある段階にいくと、僕はその余白としか対話していないんです。どうしたらこの文字が見やすく、残された余白が最もチャーミングに見えるか——裏を返せば、それはその著者名や、書名が、最もチャーミングに見えることでもあるのですが——というところに至るんです。この二、三年、斜体の文字を使用し始めたのも、水平と垂直の線が作る直方体の書物に対して、なんとか緊張感のある余白を生み出そうとしてのことなんです。書物の水平、垂直の世界においては、文字を縦に置いても、横に置いても、それは空間を細かく分断してゆくだけなんです。どうしたら余白そのものが緊張するか……

（『書物の現在』付録「装幀の現在」一九八九年二月）

本書では、菊地さんのデザインを、斜体、変形、図像、字体、構成、と、五つに分類してあるが、それらは本来、不可分なもので、斜体は変形であり、図像にもなり得て、全ての言葉は字体を伴い、当然、構成されている。本書では菊地さんの生み出したタイトルの持つ意味と形に拮抗する余白を、この五つを駆使して探ることを試みた。

「斜体」は読者の見る角度を限定せず、さまざまな場面での出会いを許容する。日本語の文字の流れるような形を、時にはより官能的に、時には勢いを演出し、また、よりオーガニックな余白を作る。初期に多用されたタイトル文字に斜体をかける独特のデザインは、それまで本の装幀ではほぼ用いられておらず、菊地さんの代名詞のようになった。斜体は、幅の狭い背に長いタイトルと著者名をどう収めるか、悩んだ末に編み出された手法だが、帯のかからない部分に長いタイトルを収めなければならないケースが多発する表1においても、効果的な手法だ。

「変形」という分類には、わざと焦点をぼけさせたボケ文字、版下を折り曲げたり歪ませたりした字形や、文字を切る、削るなど、〝書き文字からも写植の文字を選ぶことからも締め出された時にデザイナーは何ができるか〟の試行錯誤から生まれた文字の在り方を収めた。斜体もこの一部ではあるので、菊地さんの思想が緩やかに繋がっているように見える。実際に菊地さんが覗いたトレスコープの中で起こる文字の変化する様の一瞬一瞬を捉えた形だ。

「図像」もしかり、コピー機やトレスコープの中で、矩形や三角形、オブジェのシルエットなどと文字との衝突を写し取った形。二階調になった図像が箔押しとなり、鉱物や金属片の無機質と、焼き物の金継ぎのような有機的な模様が文字と絡む。

「字体」は、文字の形の印象や記号性を利用したもので、文字の意味から離れ、文字そのものの形を探る。こちらも斜体や変形、図像とも緩やかに繋がる。ここでも目に留まるのはやはり余白。

「構成」は、極端にシンプル、または極端な密度で組まれるなど、コンポジションに特徴のあるものや、他の分類には属さない特殊な仕様のものを収めた。

いま、レーベル全体を通して、一人のデザイナーがカバーの全てを担当する文庫はこの文芸文庫の他にはない。そのうえ、イラストレーションや写真を使用しないという決断は、年間六〇〇冊にまで及ぶ量の仕事の経験が支えていたのだろう。

文庫の常識をことごとく覆した文芸文庫だが、担当編集の見識に基づくラインナップにより、文芸文庫入りすることが作家の目標になるほどに成長し、三十五年にわたり、書店員や読者に支持されてきた。

冒頭の、グーテンベルクの件は、菊地さんがよく話していたことだ。講談社文庫の基本設計の切り替えの話がなんとも痛快で好きで、文庫のことを聞く機会が多かった。

〝文庫はグーテンベルクの夢の結実〟

内容の確かさと、華麗でありながら派手ではない造本の美しさ、「本は心を鎮めるもの」という菊地さんの思想を体現している文芸文庫こそ、それにあたると思えてならない。

菊地さんは二〇二二年三月二十八日に亡くなった。その最後の仕事となったのが、同年五月刊の文芸文庫、高橋たか子『亡命者』だった。二〇一九年以来、文芸文庫の装幀は菊地さんとともに水戸部事務所が担当してきた。菊地さんが少し体調を崩された二一年の春以降、助言をいただく程度で、タイポグラフィまでご指定いただくことはなくなっていたが、この『亡命者』は親本（一九九五年、講談社刊）も菊地さんの装幀で、文芸文庫に入ることが感慨深いということと、石沢麻依さんの解説に感銘を受けたとのことで、カバーの色やタイポグラフィ、帯のディレクションまでしていただき、入稿を済ませた。その色校正が届いたのが三月二十八日だった。

文芸文庫は、「我が心、文学にあり」と標榜して生きてきた菊地さんにとって、まさにライフワークだった。菊地さんのデザインは七〇年代〜八〇年代の第一期、九〇年代の第二期、二〇〇〇年代の第三期と、三冊出版された作品集ごとに作風の変遷もあるが、一九八八年創刊の文芸文庫は、社会の情勢や、写植からデジタルフォントへの移行など、環境の変化を経ても、デザインを大きく変えることなく創刊当初の思想を貫いてきた。それを引き継ぐことになったいま、グーテンベルクの夢を、より豊かなものにすべく、次の一手を考えたい。

年譜

菊地信義

一九四三年（昭和一八年）

一〇月一九日、東京・神田の海産物問屋の長男として出生。父親は国家公務員。祖父母に連れられ、文楽や歌舞伎に通う。

一九四五年（昭和二〇年）　二歳

藤沢市に転居。

一九五五年（昭和三〇年）　一二歳

海産物問屋が倒産。藤沢市立本町小学校を卒業。

一九五六年（昭和三一年）　一三歳

中学校の美術の授業でベン・シャーンのポスターに衝撃を受け、デザイナーという職業を識る。

一九五九年（昭和三四年）　一六歳

神奈川県立鎌倉高校に入学。山岳部に所属。

一九六二年（昭和三七年）　一九歳

神奈川県立鎌倉高校を卒業。多摩美術大学図案科へ入学。藤沢の書店、静雲堂でモーリス・ブランショ『文学空間』（現代思潮社）に出会い、装幀という言葉を識る。版画家・加納光於に南画廊（東京・日本橋）での個展で出会い、鎌倉の加納宅に出入りし、シュールレアリスムを識る。草月アートセンターでのジョン・ケージのコンサートで多摩美術大学の同期である新谷雅弘と偶然出会い、以後親交を深める。

一九六三年（昭和三八年）二〇歳

新谷との共同作業でジョン・ケージのポスターを日宣美に出品。落選。

一九六四年（昭和三九年）二一歳

一九六二年に起きた一六〇人の死亡者・三二五人の負傷者を出した国鉄・三河島事故、一九六三年に起きた一六一人の死亡者・一二〇人の負傷者を出した国鉄・鶴見事故の統計をまとめた『レポート　国鉄事故』を日宣美に出品。入選。

一九六五年（昭和四〇年）二二歳

商業的なデザイナー養成所としての大学に失望し、多摩美術大学中退。広島／原爆をテーマにした自分のための卒論を制作する目的で、大学の授業料を持って広島へ出奔。新聞配達のアルバイトをしつつ広島の中国新聞の資料室へ通い、原爆病院で撮影、取材を半年間行う。東京へ戻り、デパートのディスプレイなどのアルバイトをしながら新谷の下宿に居候。知人からの依頼で初めての装幀の仕事となる、写真家渡辺澄晴の写真集『ワシントン広場の顔』（悠々洞）を制作。B5判、函入り。写真の構成、文字の組版、図版の作成、内容見本に至るまで全てを担う。約物の造形や、オビにおける、色紙にベタ刷り抜き文字は後年の仕事にも頻繁に見られる手法。

一九六六年（昭和四一年）二三歳

広島にて作成したレポートを『ドキュメント

渡辺澄晴『ワシントン広場の顔』1965

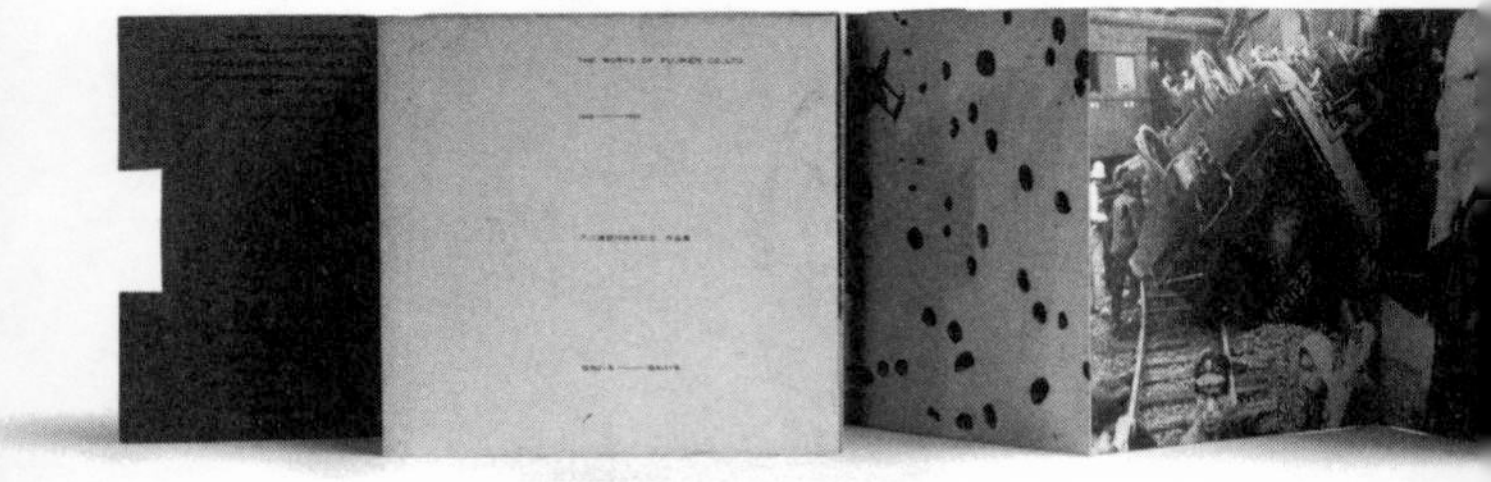

『不二建設株式会社 創立20周年記念 作品集』1966

広島1965』として日宣美に出品。準入選。日宣美賞は石岡瑛子。大学の先輩が始めたデザイン事務所でアルバイトを開始。知人からの依頼で、『不二建設株式会社 創立20周年記念 作品集』を制作。正方形、蛇腹式の特殊造本。勘当状態にあったため新谷の下宿か、母親が実家の物置に用意してくれた寝床で寝起きする生活。

一九六九年（昭和四四年）二六歳
赤坂の広告代理店〈日東エージェンシー〉のグラフィック部門に入社。デザインの具体的なノウハウを習得。主なクライアントは、ブリヂストン、日立家電など。結婚を期に茅ヶ崎の公団住宅へ転居。

一九七〇年（昭和四五年）二七歳
グラフィックデザイナー堀内誠一のアシスタントをしていた新谷の紹介で、『an・an』（平凡出版／現マガジンハウス）の創刊準備に参加するため六本木の編集部へ通う。

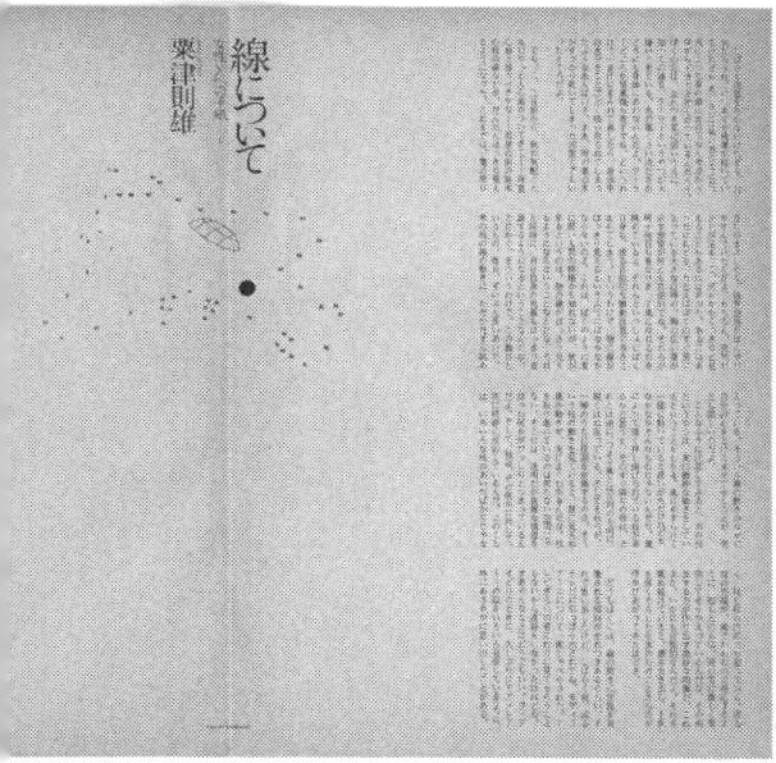

『花笑』1973

一九七一年（昭和四六年）二八歳
九時から一七時は広告代理店、夜から早朝まで『an・an』の仕事という生活がたたって体調を崩し、『an・an』の仕事を離れる。

一九七二年（昭和四七年）二九歳
クライアントの紹介で、広告制作会社〈トーコー〉のアートディレクターに就任。経営者という立場で、宣伝予算管理から制作までをすべて任される。主なクライアントは、日立家電、トヨタ、ミカレディなど。音楽之友社『レコード藝術 7月臨時増刊号 レコードスペイス72』のレイアウト、アートディレクションを担当。

一九七三年（昭和四八年）三〇歳
コンペを勝ち抜き、ミカレディのPR誌『花《はな》笑《えみ》』を創刊。編集長兼アートディレクターを担う。執筆者の選定も自ら行い、粟津則雄、吉増剛造、白石かずこ、平出隆、鈴木翁二、安部慎一、末永史らへ依頼し、出会う。

『an・an』の翻訳のアルバイトとして知り合っていた原由美子が表紙のスタイリストを担当。バリー・マクレー、相倉久人訳『現代ジャズの奔流』（音楽之友社）をはじめ、四冊の音楽之友社の単行本の装幀を担当。

一九七五年（昭和五〇年）　三一歳

写真家築地仁の写真集『垂直状の、（領域）』の企画立案から内容構成、装幀までを行う。B4変型、全ページ観音開きの特殊な造本。音楽家山下洋輔『風雲ジャズ帖』（音楽之友社）の装幀を担当。

一九七七年（昭和五二年）　三四歳

装幀家として独立。吉増剛造『吉増剛造詩集（全五巻）』（河出書房新社）の装幀を担当。全巻透明のプラスチックケース入りの造本。急性アルコール中毒で倒れた中平卓馬の代役で抜擢された、中上健次『十八歳、海へ』（集英社）の装幀を担当し、中上と出会う。『花笑』で知り合っていた粟津則雄の『主題と構造』（集英社）、『少年ランボオ』（思潮社）の装幀を担当。同じく思潮社の新鋭詩人シリーズ（全一〇巻／1平出隆、2荒川洋治、3正津勉、4山口哲夫、5宮園真木、6佐々木洋一、7稲川方人、8松下育男、9青木はるみ、10伊藤比呂美）の装幀を担当。『平出隆詩集』には漫画家鈴木翁二の劇画、『宮園真木詩集』には版画家山本容子の版画を使用。旧態依然とした詩集の棚

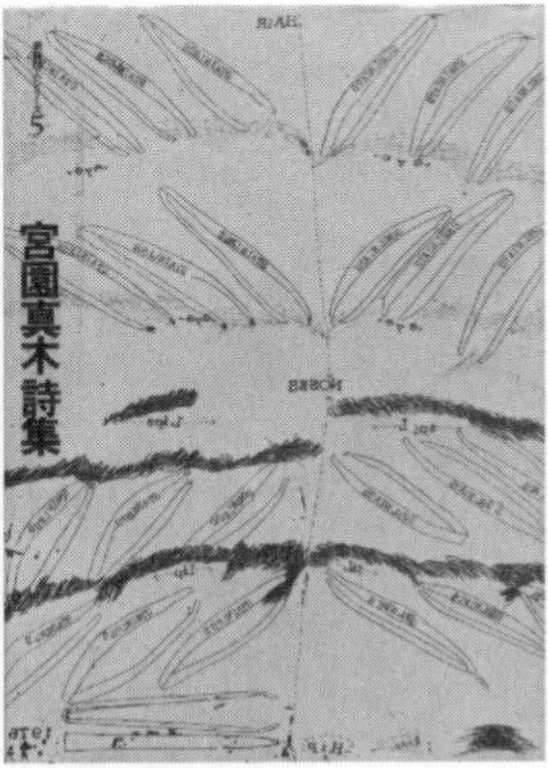

宮園真木『宮園真木詩集』1977

に新風を吹かせた。独立を期に、銀座三丁目に事務所を構え、自宅を茅ヶ崎の公団住宅から八丁堀のマンションへ転居。

一九七八年（昭和五三年）　三五歳

トヨタのＰＲ誌の仕事で作家古井由吉と出会う。二人（とトヨタのドライバー）で地方へ赴き、古井は紀行文を書き、菊地が写真を撮るという仕事が一二回続く。立松和平『途方にくれて』（集英社）の装幀を担当。装画は

中上健次『水の女』1979

鈴木翁二。文芸書の装幀にイラストレーションを使用した先駆けとなる。吉増剛造『太陽の川』（小沢書店）の装幀を担当。装画は中西夏之。

一九七九年（昭和五四年）　三六歳

中上健次の紹介で河出書房新社『文藝』の元編集長で、作品社を立ち上げたばかりの寺田博と出会う。中上健次『水の女』を皮切りに作品社のほとんどの単行本の装幀を担当する。主な著者に、瀬戸内晴美、津島佑子、水上勉、古山高麗雄など。なかでも、埴谷雄高『光速者』では、装画に著者の脳のＣＴスキャン画像を使用して話題となる。『現代詩手帖』（思潮社）の表紙、目次の構成を詩人の谷川俊太郎とのコラボレーションで一年間担当する。平凡社の季刊文芸誌『文体』の古井由吉責任編集号の11号と12号の構成を担当。仕事の依頼が増え手が回らなくなったこのころ、神保博美と出会い、五月刊の原田康子

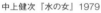

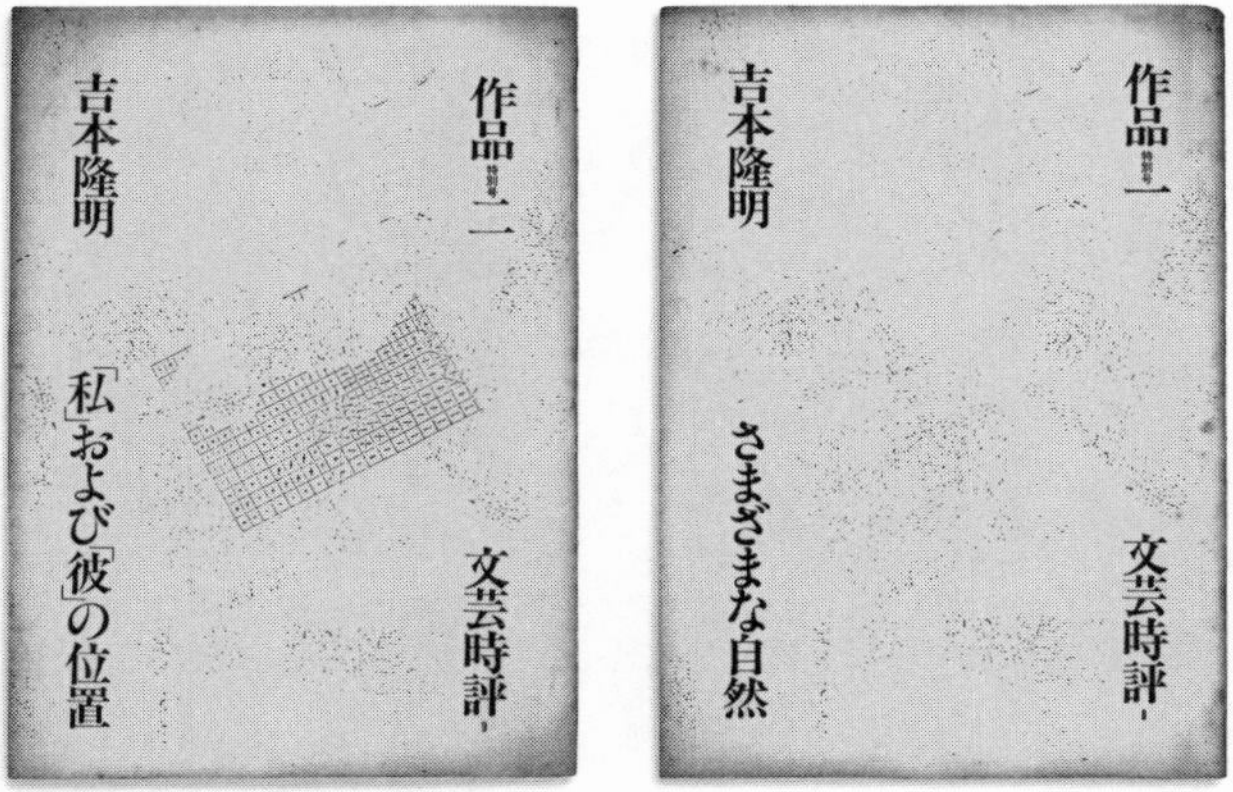

吉本隆明　ガリ版刷りの「文芸時評」　1981

『虹』（作品社）以降全ての仕事のフィニッシュワークを神保が行うことになる。ほとんどの刊行物の装幀を担当することになる山川出版社の仕事もこの年から始まる。事務所の近くに珈琲店「樹の花」が開店。打ち合わせ場所として毎日訪れる。

一九八〇年（昭和五五年）　三七歳

中上健次『鳳仙花』（作品社）、谷川俊太郎『コカコーラ・レッスン』（思潮社）の装幀を担当。二〇〇万部を超えるベストセラーとなった、山口百恵『蒼い時』（集英社）の装幀を担当。作品社から創刊された月刊文芸誌『作品』の表紙、目次、本文設計を担当。平出隆と稲川方人の同人誌『書紀』の七号～九号の造本装幀を担当。二つ折り八枚のボール紙をロウ引きの紐で綴じた禁欲的な造本。『古井由吉全エッセイ（全三巻）』（作品社）の装幀を担当。以降、古井の単行本の多くを担当する。粟津則雄、吉増剛造と青森へ旅行。連句が始まる。定期的に行われ、古井由吉、平出隆、安東次男も後に加わる。

一九八一年（昭和五六年）　三八歳

文芸誌『作品』が通巻七号で休刊となる。文芸時評の連載を続けていた吉本隆明は、時評という性質上、一年を通して文芸を見て、毎月何らかの形で届けたいということで、定期購読者へのみガリ版刷りの小冊子を頒布。この造本を菊地が担当。

一九八二年（昭和五七年）　三九歳

福武書店へ移った寺田博が文芸誌『海燕』を創刊。表紙、目次、本文設計を担当。亀倉雄策が担当していた講談社文庫の基本設計のリニューアルを担当。書店員や読者への調査結果をふまえ、背の最上部に著者名を配置。著者名ごとに色を分けるなど、文庫における背の有り様を一新した。古井由吉『山躁賦』（集英社）、古井由吉最初の全集『古井由吉作品（全七巻）』（河出書房新社）の装幀を担当。装画は「もの派」を代表する現代美術家の李禹煥。以降、多くの書籍で協業する。文芸誌に連載された文芸時評をまとめた吉本隆明『空虚としての主題』の装幀を担当する。

一九八三年（昭和五八年）　四〇歳

第八八回芥川賞受賞作、唐十郎『佐川君からの手紙』（河出書房新社）の装幀を担当。以降、芥川賞、文藝賞、野間文芸新人賞など多くの純文学賞の受賞作、候補作の装幀を担当

「平台『菊地信義の本』展」
パンフレット　1983

する。八重洲ブックセンター（東京・八重洲）にて「平台『菊地信義の本』展」を開催。主催代表は、中上健次と古井由吉。井上光晴長篇小説全集（全一五巻）』（福武書店）の装幀を担当。装画はベルギーの現代美術を代表する画家ピエール・アレシンスキー。澁澤龍彦『マルジナリア』（福武書店）、吉本隆明・栗本慎一郎『相対幻論』（冬樹社）の装幀を担当。装幀担当作が年間二〇〇冊を超え

島田雅彦『優しいサヨクのための嬉遊曲』1983

る。中央公論社の文芸誌『海』一二月号に古井由吉と対談「本が発信する物としての力」が掲載。古井由吉『槿』、島田雅彦『優しいサヨクのための嬉遊曲』（ともに福武書店）の装幀を担当。『優しいサヨクのための嬉遊曲』という長いタイトルを背に収めるために文字を斜めに組む写植の技術を開発。以降、菊地デザインの代名詞となる。王子製紙との共同開発で「OKミューズカイゼル（現OKカイゼル）」を発売。チリの入った物質感はファンシーペーパーのトレンドとなる。

一九八四年（昭和五九年）四一歳

装幀の業績により第二二回藤村記念歴程賞受賞。詩人以外では植村直己に続いて二人目の受賞。同時受賞者に詩人の吉岡実。『夢の明るい鏡 三浦雅士編集後記集 1970.7〜1981.12』（冬樹社）ではカバーの裏から活版を空押しし、独自のテクスチャーを作る。支持体への意識が高まる。『加賀乙彦短篇小説全集

(全五巻)』(潮出版社)、文芸誌『潭』(書肆山田)、『日本の名随筆』(作品社)の装幀を担当。『日本の名随筆』は一九九九年までに二〇〇巻を刊行。その全ての装幀を担当した。『澁澤龍彦コレクション』(河出書房新社)の打ち合わせで担当編集の平出隆と澁澤宅を訪れ、企画から携わる。坂本龍一『週刊本「本本堂未刊行図書目録 書物の地平線」』(朝日出版社)にてオブジェ作品を制作。坂本龍一と井上嗣也と鼎談。

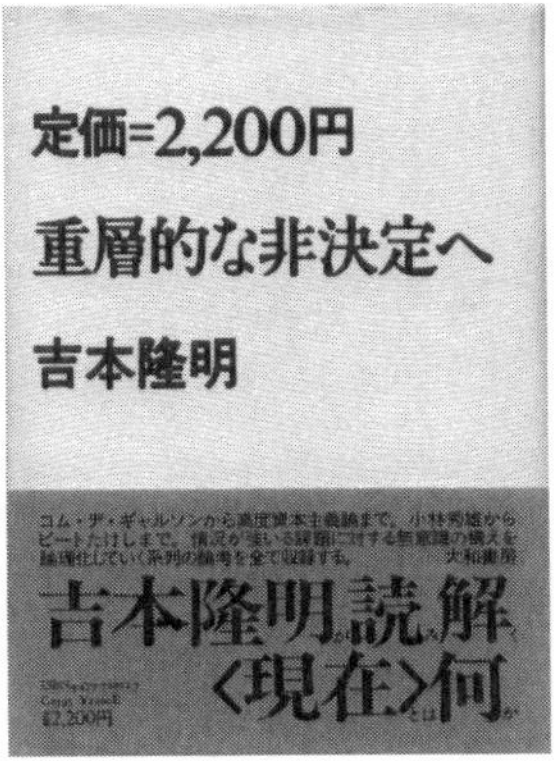

吉本隆明『重層的な非決定へ』1985

一九八五年(昭和六〇年)四二歳

INAXギャラリー2(東京・京橋)にて「『菊地信義の本』展　素材・図像・色彩・文字」を開催。そのオープニングで古井由吉、粟津則雄、吉本隆明とそれぞれトークイベント「本について語る」を行う。福武文庫創刊。基本設計を担当。第二二回文藝賞受賞作で芥川賞候補作、山田詠美『ベッドタイムアイズ』(河出書房新社)、吉本隆明『現在における差異』(福武書店)、『重層的な非決定へ』(大和書房)、『少年少女日本文学館(全三〇巻)』(講談社)の装幀を担当。純文学に加え、人文書でも独自の思想を持ち込み、本の存在そのものがテキストを体現するコンセプチュアルな装幀を展開した。

一九八六年(昭和六一年)四三歳

季刊誌『東京人』創刊。アートディレクターとして参加する。表紙のデザイン、全ページのエディトリアルまで行う。ロゴマークは現在（二〇二二年）も使用されている。三月、一ヵ月にわたり粟津則雄、古井由吉、吉増剛造とヨーロッパ旅行。吉増の運転により五四〇〇キロほど走る。西武美術館（千葉・船橋）にて「『本の明日へ』展　装幀　菊地信義の世界」を開催。会期中、古井由吉、山田太一、武満徹、吉増剛造、谷川俊太郎と日替わりで対談。最終日には粟津則雄、古井由吉、吉増剛造と公開歌仙を行う。『装幀談義』（筑摩書房）、『装幀＝菊地信義』（フィルムアート社）を刊行。これまでの実績に裏付けられた装幀理論を展開。菊地が拓いた装幀家という職業の、後に続く世代に大きな影響を与えた。吉本隆明・坂本龍一『音楽機械論』（トレヴィル）、『昭和文学全集（全三五巻）』（小学館）、『少年少女世界文学館（全二四巻）』（講談社）、『吉本隆明全集撰（全六巻）』（大和書房）の装幀を担当。装幀担当作が年間三〇〇冊を超える。

一九八七年（昭和六二年）　四四歳

自由書房ギャラリー（岐阜）において「菊地信義の『装幀の本』展」を開催。俵万智『サラダ記念日』（河出書房新社）の装幀を担当。二六〇万部を超えるベストセラーとなる。『吉本隆明全対談集（全一二巻）』（青土社）の装幀を担当する。伊藤比呂美、荒木経惟と共著『テリトリー論1』（思潮社）を刊行。『神奈川県の歴史』（有隣堂）により、ドイツ・ライプツィヒ「世界で最も美しい本」展銀賞受賞。『現代詩手帖』で加納光於と対談。加納の作品『アララットの船あるいは空の蜜』が究極の装幀としてあり、自分の仕事はスーパーマーケットの装幀家のようなものだ、と吐露。八月、澁澤龍彥が頸動脈瘤の破裂により死去。夫人からキルヒャーの本を一冊渡され、「菊地に渡して、この本のどの図版でもいいから」との伝言により、遺作となった『高丘親王航海記』（文藝春秋）の装幀を担当。雑誌『古美術緑青』（マリア書房）で骨董に関する連載を開始。自宅を八丁堀から白金のマンションへ転居。

一九八八年（昭和六三年）　四五歳

講談社文芸文庫創刊。基本設計と全点の装幀を担当。『高丘親王航海記』、講談社文芸文庫ほか一連の作品により、第一九回講談社出版文化賞ブックデザイン賞を受賞。『高丘親王航海記』は、製函の技術も含め、文芸書における装幀のひとつの到達点となった。

澁澤龍彦『高丘親王航海記』1987

一九八九年（昭和六四年・平成元年）　四六歳

八七年から準備をしていた最初の装幀作品集『菊地信義　装幀の本』（リブロポート）を刊行。これまでの全仕事を収録。入沢康夫『夢の佐比』（書肆山田）の装幀を担当。二冊の上製本を繋げ、観音扉のように開く特殊造本。モーリス・ブランショ、粟津則雄訳『来るべき書物（改訳）』（筑摩書房）の装幀を担当する。装幀家としての第二期となるこのあたりから、造本により詩的な表現を持ち込む。支持体のマチエールと余白への意識が高まる。書肆山田の季刊誌『るしおる』の装幀を担当する（二〇〇七年、六四号の休刊まで）。津本陽『下天は夢か』（日本経済新聞社）の装幀で歴史小説の分野でもスタンダードを生み出す。「河出文庫文藝コレクション」（河出書房新社）の基本設計を担当する。

一九九〇年（平成二年）　四七歳
グラフィック・ギャラリー・ggg（東京・銀座）にて「『菊地信義　装幀の本』棚展」を開催。西谷修『不死のワンダーランド』（青土社）、澁澤龍彦・巖谷國士『裸婦の中の裸婦』（文藝春秋）の装幀を担当する。中日書籍装幀芸術展（北京）講演。第七回　牛窓国際芸術祭（岡山・牛窓）で、「書物の余白菊地信義装幀の現在」展を開催。

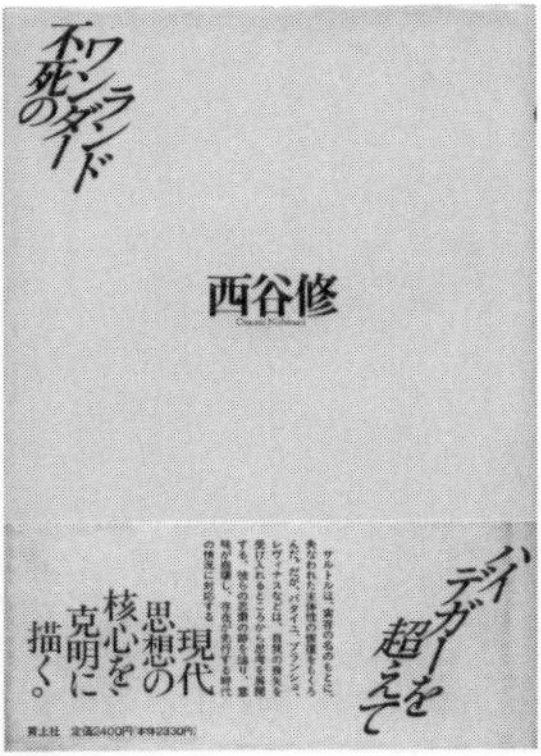

西谷 修『不死のワンダーランド』1990

一九九一年（平成三年）　四八歳
第二七回文藝賞、第一〇五回直木賞受賞作、芦原すなお『青春デンデケデケデケ』（河出書房新社）、粟津則雄『幻視と造形』（未來社）の装幀を担当。月刊誌『太陽』（平凡社）で骨董に関する連載を開始（九二年六月号まで）。吉本隆明、柄谷行人、鷲田清一の著書の多くを手掛けるようになり、人文書の装幀シーンを席巻する。タイポグラフィによる仕事が増え、カバーと帯の重層的な構造を利用した表現、文字と余白のコンポジションを追求する。装幀担当作が年間四〇〇冊を超える。

一九九二年（平成四年）　四九歳
『菊地信義　装幀の本』の中国語版『菊地信義的装幀芸術』が出版される。中上健次『軽蔑』（朝日新聞社）の装幀を担当。その直後、中上が腎臓癌により死去。講談社出版文化賞ブックデザイン賞の選考委員に就任。

一九九三年（平成五年）　五〇歳
エッセイ集『樹の花にて』（白水社）、『わがまま骨董』（平凡社）を刊行。『澁澤龍彦全集（全二二巻、別巻二）』、ジェイムズ・ジョイス、柳瀬尚紀訳『フィネガンズ・ウェイク（I・II／III・IV）』（ともに河出書房新社）、遠藤周作『深い河』（講談社）、『つげ義春全集（全八巻、別巻一）』（筑摩書房）の装幀を担当。このころ、最大瞬間風速で月間九〇冊の装幀をこなす。装画を使用すれば華やかに、官能的に。文字のみのデザインでは禁欲的に。量と質を伴う成熟した仕事で他を圧倒する。

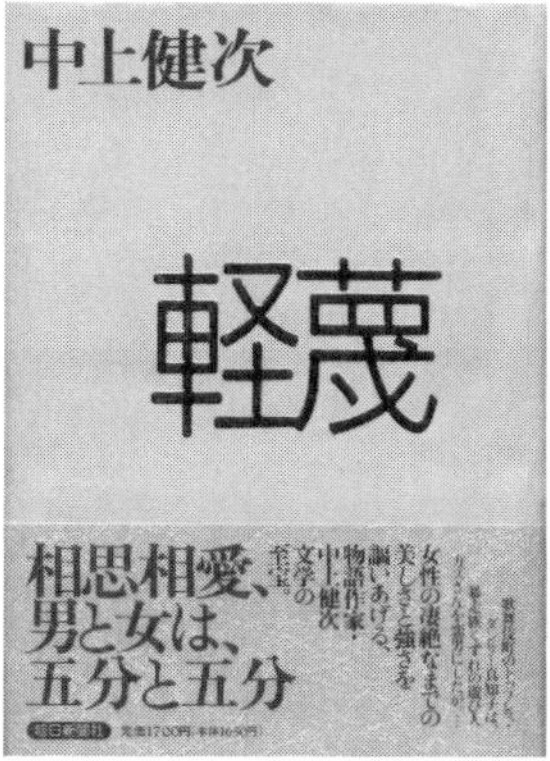

中上健次『軽蔑』1992

一九九四年（平成六年）　五一歳
辺見庸『もの食う人びと』（共同通信社）、桐山襲『未葬の時』（作品社）の装幀を担当。装幀担当作が年間五〇〇冊を超える。

一九九五年（平成七年）　五二歳
高橋たか子『亡命者』（講談社）、『中上健次全集（全一五巻）』（集英社）、鷲田清一『見られることの権利〈顔〉論』（メタローグ）、『横尾忠則自伝』（文藝春秋）、ヘーゲル『美学講義（上中下巻）』（作品社）の装幀を担当。

一九九六年（平成八年）　五三歳
北方謙三『三国志（全一三巻）』（角川春樹事務所）、『澁澤龍彦翻訳全集（全一五巻、別巻一）』（河出書房新社）、アドルノ『否定弁証

法』（作品社）の装幀を担当。白金から鎌倉に転居。装幀担当作が年間六〇〇冊を超える。

一九九七年（平成九年）　五四歳

リービ英雄『アイデンティティーズ』（講談社）、宮城谷昌光『奇貨居くべし（全五巻）』（中央公論新社）の装幀を担当。二冊めの装幀作品集『装幀＝菊地信義の本 1988〜1996』（講談社）を刊行。

一九九八年（平成一〇年）　五五歳

第一一九回芥川賞受賞作、藤沢周『ブエノスアイレス午前零時』（河出書房新社）、梁石日『血と骨』（幻冬舎）、『坂口安吾全集（全一七巻、別巻一）』（筑摩書房）の装幀を担当。

一九九九年（平成一一年）　五六歳

第一二一回伊藤整文学賞受賞作、川上弘美『溺レる』（文藝春秋）、上野昂志『写真家 東松照明』（青土社）、『陳舜臣中国ライブラリー

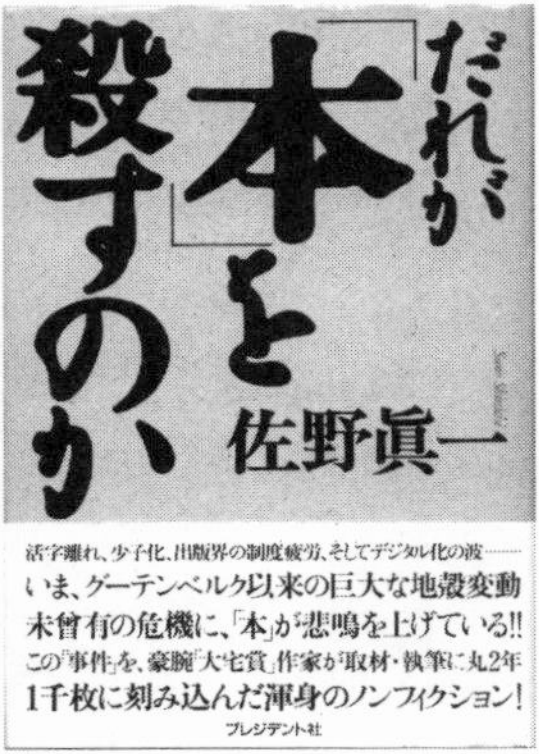

佐野眞一『だれが「本」を殺すのか』2001

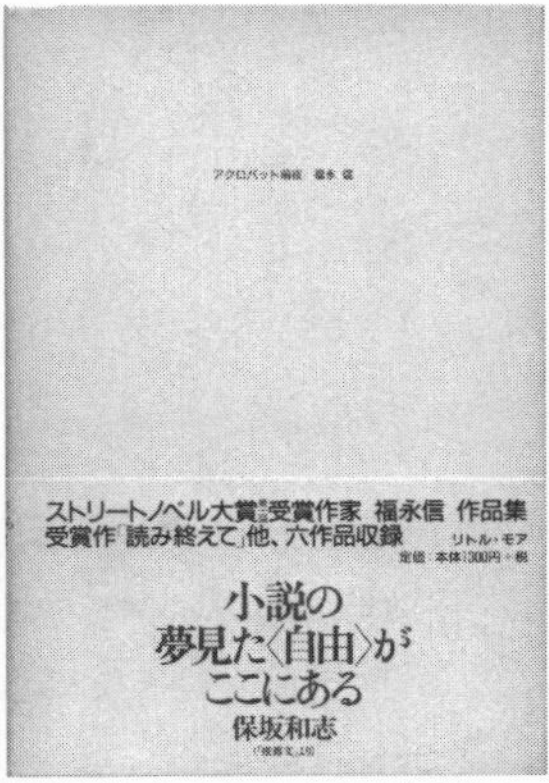

福永 信『アクロバット前夜』2001

（全三〇巻、別巻二）』（集英社）の装幀を担当。

二〇〇〇年（平成一二年）五七歳
古井由吉『聖耳』（講談社）の装幀を担当。

二〇〇一年（平成一三年）五八歳
松浦寿輝『物質と記憶』（思潮社）、佐野眞一『だれが「本」を殺すのか』（プレジデント社）の装幀を担当。福永信『アクロバット前夜』（リトル・モア）では、横書きの本文を一行で最後のページまで続け、最初のページまで戻って二行目を読むという造本。二七行組みなので、最後まで読むためには最初のページへ戻ることを二七回繰り返す必要がある。装幀家としての第三期となる二〇〇〇年代は、このあたりから、マチエールから脱却し、フラットな表層で構造と構図を主眼に置いた造本が目立つ。コンクレート・アートの影響が見える。

二〇〇二年（平成一四年）五九歳
サントリー学芸賞受賞作、沼野充義『徹夜の塊　亡命文学論』（作品社）、谷川俊太郎『詩集』、吉増剛造『The Other Voice』（ともに思潮社）、『辻井喬コレクション（全八巻）』（河出書房新社）、坪内祐三『後ろ向きで前へ進む』（晶文社）の装幀を担当。『ひんなり骨董』（平凡社）を刊行。

二〇〇三年（平成一五年）六〇歳
高松次郎『世界拡大計画』『不在への問い』

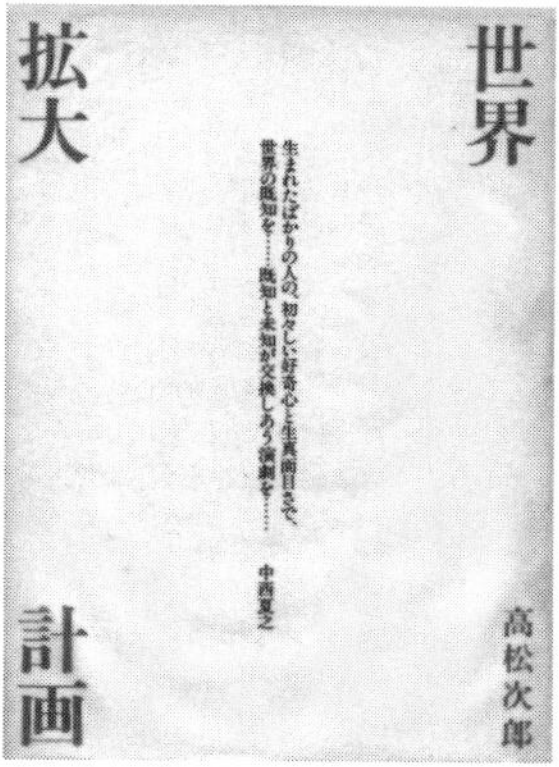

高松次郎『世界拡大計画』2003

（水声社）、『新改訳 聖書（全九巻）』（日本聖書刊行会）の装幀を担当。二〇〇一年の『物質と記憶』と『世界拡大計画』『不在への問い』などにおいて、トレーシングペーパーを使用した重層的な構造と禁欲的なタイポグラフィで、ミニマリズムが先鋭化する。

二〇〇四年（平成一六年）六一歳

古井由吉『野川』（講談社）、半藤一利『昭和史』（平凡社）、一五〇万部のベストセラーとなる稲盛和夫『生き方』（サンマーク出版）、大塚英志『サブカルチャー文学論』（朝日新聞社）、福田和也『イデオロギーズ』（新潮社）、金原ひとみ『アッシュベイビー』（集英社）、蜂飼耳『孔雀の羽の目がみてる』（白水社）、『中村稔著作集（全六巻）』（青土社）の装幀を担当。講談社文芸文庫が第五八回毎日出版文化賞（企画部門）を受賞。講談社出版文化賞ブックデザイン賞の選考委員を退任。

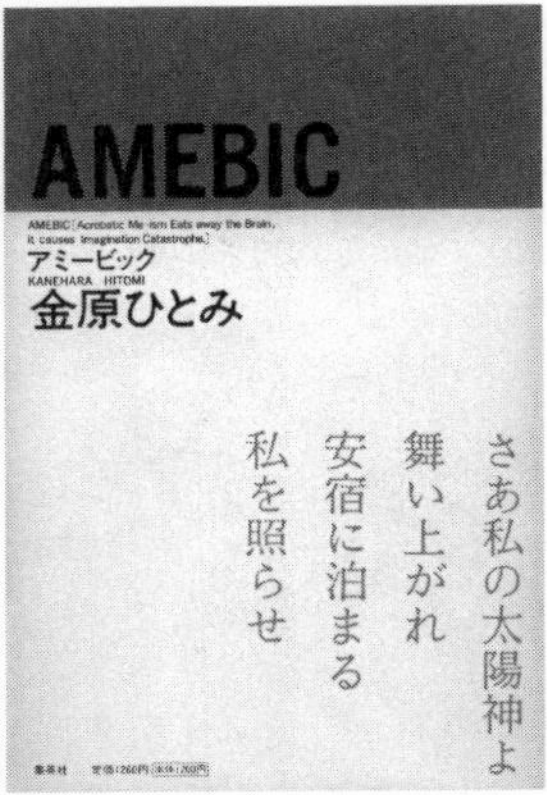

金原ひとみ『AMEBIC』2005

二〇〇五年（平成一七年）六二歳

伊藤比呂美『河原荒草』（思潮社）、金原ひとみ『ＡＭＥＢＩＣ』（集英社）、中沢新一『アースダイバー』、リービ英雄『千々にくだけて』（ともに講談社）の装幀を担当する。テレビ放送、ＮＨＫ「課外授業 ようこそ先輩」シリーズ、「自分の『生きる』を表紙にしよう」に出演。母校の藤沢市立本町小学校で二日間授業を行った様子を撮影。

二〇〇六年（平成一八年）六三歳

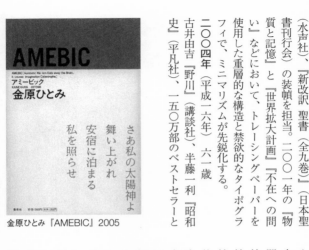

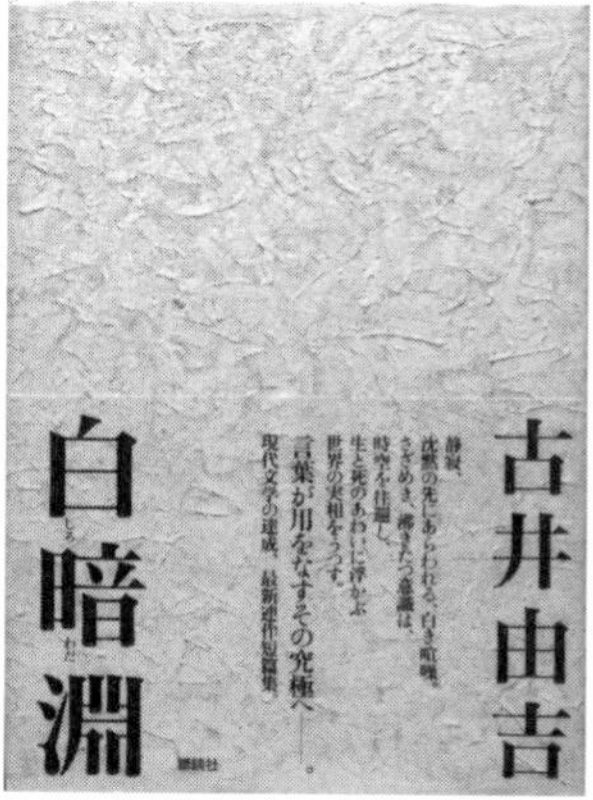

古井由吉『白暗淵』2007

『粟津則雄著作集（全一一巻）』（思潮社）、大江健三郎『おかしな二人組（三部作）』特装版（講談社）、『精選版　日本国語大辞典（全三巻）』（小学館）の装幀を担当。スクエアで極限までストイックな造本で全集や辞典を立て続けに手掛ける。

二〇〇七年（平成一九年）　六四歳

古井由吉『白暗淵』、伊藤比呂美『とげ抜き新巣鴨地蔵縁起』（ともに講談社）、稲川方人『聖－歌章』（思潮社）、『黒田杏子　句集成』（角川書店）の装幀を担当。「課外授業　ようこそ先輩」の内容をまとめた『みんなの「生きる」をデザインしよう』（白水社）を刊行。

二〇〇八年（平成二〇年）　六五歳

古川日出男『聖家族』（集英社）、平野啓一郎『決壊（上下巻）』（新潮社）、佐野眞一『沖縄だれにも書かれたくなかった戦後史』（集英社）の装幀を担当。月刊誌『短歌研究』（短歌研究社）のアートディレクションを担当（二〇一七年一二月号まで）。『新・装幀談義』（白水社）を刊行。このあたりからデジタルフォントの使用の頻度が高まる。これまでの写植の文字に見える滲みや歪みが消え、無機的なタイポグラフィの印象が強まる。

二〇〇九年（平成二一年）　六六歳

田中慎弥『犬と鴉』（講談社）の装幀を担当する。『装幀思案』（角川学芸出版）を刊行。教文館・エインカレム（東京・銀座）にて

「菊地信義・講談社文芸文庫装幀展」を開催。古井由吉と記念対談「講談社文芸文庫を語る――『山躁賦』のころ」を行う。

二〇一〇年（平成二二年）　六七歳

装幀を手がけた北方謙三『楊令伝（全一五巻）』（集英社）が完結（翌年、第六五回毎日出版文化賞特別賞を受賞）。

二〇一一年（平成二三年）　六八歳

第二二回 Bunkamura ドゥマゴ文学賞受賞

田中慎弥『共喰い』2012

作、金原ひとみ『マザーズ』（新潮社）、第一五回司馬遼太郎賞受賞作、辻原登『韃靼の馬』（日本経済新聞出版社）の装幀を担当。

二〇一二年（平成二四年）　六九歳

第一四六回芥川賞受賞作、田中慎弥『共喰い』（集英社）、第一四八回直木賞受賞作、安部龍太郎『等伯（上下巻）』（日本経済新聞出版社）の装幀を担当する。

二〇一三年（平成二五年）　七〇歳

田中慎弥『燃える家』（講談社）の装幀を担当する。『新・装幀談義』の中国語版が台湾で出版される。

二〇一四年（平成二六年）　七一歳

サントリー学芸賞受賞作、福嶋亮大『復興文化論』（青土社）の装幀を担当。三冊めの装幀作品集『菊地信義の装幀 1997~2013』（集英社）を刊行。県立神奈川近代文学館（神奈川・横浜）にて「装幀＝菊地信義とある『著者50人の本』展」を開催。オープニングイベントで稲川方人と「装幀ライブ『ページ＝本』の誕生」を行う。記念講演、粟津則雄「菊地信義と装幀」、菊地信義「装幀の余白から」を行う。

二〇一五年（平成二七年）　七二歳
サントリー学芸賞受賞作、安藤礼二『折口信夫』（講談社）、第一五回小林秀雄賞受賞作、森田真生『数学する身体』（新潮社）の装幀を担当する。装幀家として文化の振興に貢献したとして神奈川文化賞受賞。同時受賞に養老孟司。広瀬奈々子監督によるドキュメンタリー映画の撮影が始まる。

二〇一六年（平成二八年）　七三歳
モーリス・ブランショ『終わりなき対話（全三巻）』（筑摩書房）の装幀を担当する。『装幀の余白から』（白水社）を刊行。

二〇一七年（平成二九年）　七四歳
二年後に銀座の事務所を仕舞うと宣言。

二〇一八年（平成三〇年）　七五歳
第七〇回読売文学賞（研究・翻訳賞）受賞作、古井戸秀夫『評伝　鶴屋南北（全二巻）』（白水社）の装幀を担当する。前後から互い違いに出し入れする函にA5判上製本が収まる特殊な造本。

二〇一九年（平成三一年・令和元年）　七六歳
一〇月、宣言通り、銀座の事務所を仕舞う。四〇年間フィニッシュワークを担当した神保博美（スタジオじん）も解散。新刊の単行

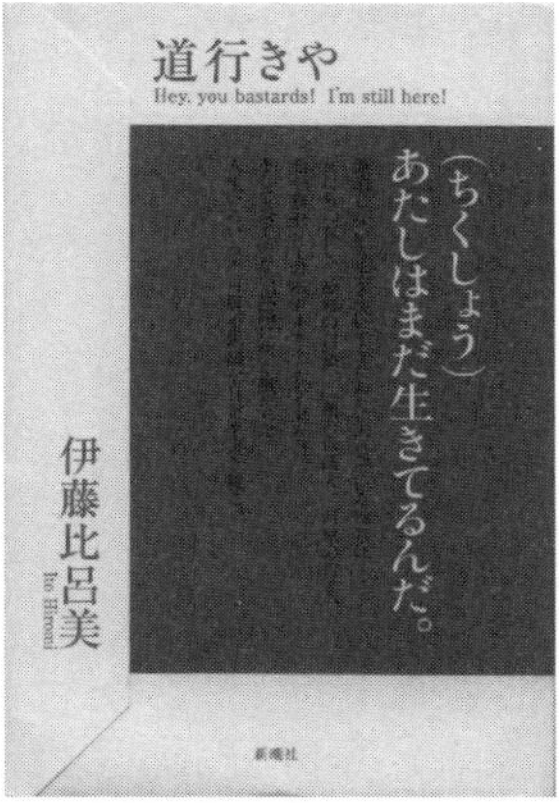

伊藤比呂美『道行きや』2020

本、講談社文芸文庫やNHK出版『100分de名著』など継続中の仕事は、以降、基本的には水戸部功デザイン事務所がフィニッシュワークを行う。一二月、広瀬奈々子監督映画『つつんで、ひらいて』公開。『ユリイカ 12月臨時増刊号「総特集＊装幀者・菊地信義」』（青土社）が刊行される。青山、代官山、神保町などでトークイベントを行う。

二〇二〇年（令和二年）　七七歳

第七四回毎日出版文化賞（文学・芸術部門）受賞作、藤井貞和『〈うた〉起源考』（青土社）、伊藤比呂美『道行きや』、島田雅彦『スノードロップ』（ともに新潮社）、俵万智『未来のサイズ』（角川書店）、宮内悠介『黄色い夜』（集英社）の装幀を担当する。仕事のやり方について、新しい方法を模索。『道行きや』、『スノードロップ』は新潮社装幀室との協業という試みで、仮フランス装の表紙を表裏逆に製本、カバーを型抜きし表紙のタイポグラフィを露出させるなど、第四期となる次の一〇年を見据えた実験的な造本に挑戦する。一月、映画の公開記念イベントで大阪、京都を歴訪。四月、新型コロナウイルスの感染拡大で緊急事態宣言発令。

二〇二一年（令和三年）　七八歳

第一〇回河合隼雄学芸賞受賞作、森田真生『計算する生命』（新潮社）、村田喜代子『姉の島』（朝日新聞出版）の装幀を担当する。『計算する生命』も新潮社装幀室との協業。四月、心不全で入院。九月、自宅へ戻る。この間も仕事を続ける。

二〇二二年（令和四年）

高橋たか子『亡命者』（講談社文芸文庫）の装幀のディレクションを最後の仕事に、三月二八日、心不全により息を引き取る。享年七八。

（作成・水戸部 功）

講談社文芸文庫総目録

装幀＝菊地信義　１９８８年２月〜２０２２年５月

88・02 錨のない船（上）……加賀乙彦
88・02 錨のない船（中）……加賀乙彦
88・02 錨のない船（下）……加賀乙彦
88・02 アカシヤの大連……清岡卓行
88・02 群棲……黒井千次
88・02 スミヤキストQの冒険……倉橋由美子
88・02 抱擁家族……小島信夫
88・02 樹影……佐多稲子
88・02 火の河のほとりで……津島佑子
88・02 熊野集……中上健次
88・02 雪の下の蟹・男たちの円居……古井由吉
88・02 忠臣蔵とは何か……丸谷才一
88・04 万延元年のフットボール……大江健三郎
88・04 夕べの雲……庄野潤三
88・05 夢の島……日野啓三
88・05 暗室……吉行淳之介
88・06 日本近代文学の起源……柄谷行人
88・06 走れトマホーク……安岡章太郎
88・07 哀歌……遠藤周作
88・07 波うつ土地・芻狗……富岡多恵子
88・08 その夏の今は・夢の中での日常……島尾敏雄
88・08 祭りの場・ギヤマン ビードロ……林 京子
88・09 一族再会……江藤 淳
88・09 海図……田久保英夫
88・10 鷹……石川 淳
88・10 風と光と二十の私と……坂口安吾
88・10 人称代名詞……野坂昭如
88・10 鳥獣戯話・小説平家……花田清輝
88・11 啼く鳥の……大庭みな子
88・11 本郷……木下順二
88・12 舷燈……阿川弘之
88・12 悲しいだけ・欣求浄土……藤枝静男
89・01 永井荷風……磯田光一
89・01 ボードレールの世界……福永武彦
89・02 単純な生活……阿部 昭
89・02 中原中也……大岡昇平
89・02 逢魔物語……津島佑子
89・02 拳銃と十五の短篇……三浦哲郎
89・03 風媒花……武田泰淳
89・03 サハリンへの旅……李恢成
89・04 桜の森の満開の下……坂口安吾
89・04 暗い絵・顔の中の赤い月……野間 宏
89・05 紫苑物語……石川 淳

89.05 むらぎも……中野重治
89.06 雨の音……宇野千代
89.06 桜島・日の果て・幻化……梅崎春生
89.06 絵合せ……庄野潤三
89.06 星と月は天の穴……吉行淳之介
89.07 白痴・青鬼の褌を洗う女……坂口安吾
89.07 無きが如き……林　京子
89.08 私の東京地図……佐多稲子
89.08 ガラスの靴・悪い仲間……安岡章太郎
89.09 夜の光に追われて……津島佑子
89.09 表現の風景……富岡多惠子
89.10 意味という病……柄谷行人
89.10 信長・イノチガケ……坂口安吾
89.10 硝子障子のシルエット　葉篇小説集……島尾敏雄
89.10 七・錯乱の論理・二つの世界……花田清輝
89.11 白頭吟……石川　淳
89.11 或る一人の女の話・刺す……宇野千代
89.12 わがスタンダール……大岡昇平
89.12 吹雪物語……坂口安吾
90.01 時間……黒井千次
90.01 横しぐれ……丸谷才一
90.02 人と人影……井伏鱒二
90.02 文学の運命……大岡昇平
90.02 オモチャ箱・狂人遺書……坂口安吾
90.02 西行論……吉本隆明

90.03 思想としての東京……磯田光一
90.03 叫び声……大江健三郎
90.03 歴史について……木下順二
90.03 栗の樹……小林秀雄
90.04 漂民宇三郎……井伏鱒二
90.04 泉に聴く……東山魁夷
90.04 野……三浦哲郎
90.04 白日夢……渡辺一夫
90.05 大いなる日・司令の休暇……阿部　昭
90.05 風前雨後……中野好夫
90.05 野原をゆく……西脇順三郎
90.05 鞄の中身……吉行淳之介
90.06 へっぽこ先生その他……永井龍男
90.06 田紳有楽・空気頭……藤枝静男
90.06 告別……福永武彦
90.06 他山石語……吉川幸次郎
90.07 異邦人の立場から……遠藤周作
90.07 思い出すこと忘れえぬ人……桑原武夫
90.07 女の宿……佐多稲子
90.07 鶴……長谷川四郎
90.08 ささやかな日本発掘……青柳瑞穂
90.08 雞肋集・半生記……井伏鱒二
90.08 白い屋形船・ブロンズの首……上林　暁
90.08 大陸の細道……木山捷平
90.09 風流尸解記……金子光晴

90・09 手の変幻……清岡卓行
90・09 わが光太郎……草野心平
90・09 中原中也全訳詩集……中原中也
90・10 晩春の旅・山の宿……井伏鱒二
90・10 畏怖する人間……柄谷行人
90・10 室町小説集……花田清輝
90・10 マチウ書試論・転向論……吉本隆明
90・11 贋学生……島尾敏雄
90・11 我思古人……中川一政
90・11 天才について……福原麟太郎
90・11 金沢・酒宴……吉田健一
90・12 江戸文学掌記……石川 淳
90・12 幼年……大岡昇平
90・12 都築ケ岡から……河上徹太郎
90・12 幕が下りてから……安岡章太郎
91・01 鹿鳴館の系譜 近代日本文芸史誌……磯田光一
91・01 蝸牛庵訪問記……小林 勇
91・01 記憶の蜃気楼……鈴木信太郎
91・01 われ逝くもののごとく……森 敦
91・02 みずから我が涙をぬぐいたまう日……大江健三郎
91・02 忘れ得ぬ人々……辰野 隆
91・02 もう一つの修羅……花田清輝
91・02 高村光太郎……吉本隆明
91・03 一草一花……川端康成
91・03 語り物の宇宙……川村二郎
91・03 宮沢賢治覚書……草野心平
91・03 一個・秋その他……永井龍男
91・04 かくれ里……白洲正子
91・04 甲乙丙丁（上）……中野重治
91・04 甲乙丙丁（下）……中野重治
91・04 シベリヤ物語……長谷川四郎
91・05 知れざる炎 評伝中原中也……秋山 駿
91・05 一条の光・天井から降る哀しい音……耕 治人
91・05 中原中也全詩歌集（上）……中原中也
91・05 中原中也全詩歌集（下）……中原中也
91・06 安吾のいる風景・敗荷落日……石川 淳
91・06 同時代作家の風貌……佐々木基一
91・06 俳優修業……花田清輝
91・06 絵空ごと・百鬼の会……吉田健一
91・07 骨の肉・最後の時・砂の檻……河野多恵子
91・07 月の宴……佐多稲子
91・07 兵隊宿……竹西寛子
91・07 随筆 八十八……中川一政
91・08 女の日記……宇野千代
91・08 万徳幽霊奇譚・詐欺師……金石範
91・08 ふらんす人……辰野 隆
91・08 コチャバンバ行き……永井龍男
91・09 懐中時計……小沼 丹
91・09 あざみの衣……西脇順三郎
91・09 さまざまな青春……平野 謙

91・09 上海……横光利一
91・10 黄金伝説・雪のイヴ……石川 淳
91・10 厳粛な綱渡り……大江健三郎
91・10 恥部の思想……花田清輝
91・10 詩文選……吉川幸次郎
91・11 阿久正の話……長谷川四郎
91・11 父の帽子……森 茉莉
91・11 三文紳士……吉田健一
91・11 またふたたびの道・砧をうつ女……李恢成
91・12 持続する志……大江健三郎
91・12 少年……大岡昇平
91・12 紺野機業場……庄野潤三
91・12 わが切抜帖より・昔の東京……永井龍男
92・01 彼岸花 追憶三十三人……小林 勇
92・01 はまべのうた・ロング・ロング・アゴウ……島尾敏雄
92・01 先師先人……竹之内静雄
92・01 わが塔はそこに立つ……野間 宏
92・02 落花・蜃気楼・霊薬十二神丹……石川 淳
92・02 白鳥の歌・貝の音……井伏鱒二
92・02 鯨の死滅する日……大江健三郎
92・02 日本のルネッサンス人……花田清輝
92・03 明恵上人……白洲正子
92・03 朝霧・青電車その他……永井龍男
92・03 チャールズ・ラム伝……福原麟太郎
92・03 寝園……横光利一
92・04 まぼろしの記・虫も樹も……尾崎一雄
92・04 水晶幻想・禽獣……川端康成
92・04 愛酒樂酔……坂口謹一郎
92・04 古い記憶の井戸……本多秋五
92・05 無縁の生活・人生の一日……阿部 昭
92・05 三匹の蟹……大庭みな子
92・05 画にもかけない……中川一政
92・05 英語と英国と英国人……吉田健一
92・06 影・裸婦変相・喜寿童女……石川 淳
92・06 澪標・落日の光景……外村 繁
92・06 新編映画的思考……花田清輝
92・06 ベルリン一九六〇……長谷川四郎
92・07 山川登美子 「明星」の歌人……竹西寛子
92・07 しあわせ・かくてありけり……野口冨士男
92・07 贅沢貧乏……森 茉莉
92・07 紋章……横光利一
92・08 時に佇つ……佐多稲子
92・08 十一面観音巡礼……白洲正子
92・08 五勺の酒・萩のもんかきや……中野重治
92・08 晩菊・水仙・白鷺……林 芙美子
92・09 反橋・しぐれ・たまゆら……川端康成
92・09 桜・愛と青春と生活……田中英光
92・09 仮装人物……徳田秋声
92・09 カレンダーの余白……永井龍男
92・10 ゆう女始末・おまえの敵はおまえだ……石川 淳

92・10 還暦の鯉……井伏鱒二
92・10 懐かしい年への手紙……大江健三郎
92・10 天誅組……大岡昇平
92・10 巴里祭・河明り……岡本かの子
92・10 命なりけり……福原麟太郎
92・10 かげろうの日記遺文……室生犀星
92・10 吉本隆明初期詩集……吉本隆明
92・12 鎌倉文士骨董奇譚……青山二郎
92・12 蝮のすえ・「愛」のかたち……武田泰淳
92・12 光と風と夢・わが西遊記……中島 敦
92・12 英国の文学の横道……吉田健一
93・01 萩原朔太郎……磯田光一
93・01 偉大なる暗闇 師 岩元禎と弟子たち……高橋英夫
93・01 ゴーギャンの世界……福永武彦
93・01 愛、理性及び勇気……与謝野晶子
93・02 街と村・生物祭・イカルス失墜……伊藤 整
93・02 青い小さな葡萄……遠藤周作
93・02 壊れものとしての人間……大江健三郎
93・02 私の『マクベス』……木下順二
93・02 ちぎれ雲……幸田 文
93・02 木枯の酒倉から・風博士……坂口安吾
93・02 死の淵より……高見 順
93・02 近代の超克……花田清輝
93・04 生々流転……岡本かの子
93・04 お能・老木の花……白洲正子
93・04 清貧の書・屋根裏の椅子……林 芙美子
93・04 古典と現代文学……山本健吉
93・05 千年・あの夏……阿部 昭
93・05 荒魂……石川 淳
93・05 蜜のあわれ・われはうたえどもやぶれかぶれ……室生犀星
93・05 愛の挨拶・馬車・純粋小説論……横光利一
93・06 当世凡人伝……富岡多惠子
93・06 あけびの花……中野重治
93・06 美術の眺め……中川一政
93・06 父を売る子・心象風景……牧野信一
93・07 一期一会・さくらの花……網野 菊
93・07 詩礼伝家……清岡卓行
93・07 やすらかに今はねむり給え・道……林 京子
93・07 思い出すままに……吉田健一
93・08 愛について……大岡昇平
93・08 帰らざる夏……加賀乙彦
93・08 化粧……中上健次
93・08 二葉亭四迷伝 ある先駆者の生涯……中村光夫
93・09 惜櫟荘主人 一つの岩波茂雄伝……小林 勇
93・09 不意の声……河野多惠子
93・09 私のチェーホフ……佐々木基一
93・09 光の領分……津島佑子
93・10 点滴・釣鐘の音……井伏鱒二
93・10 成熟と喪失 ―〝母〟の崩壊―……江藤 淳

93・10 同時代としての戦後……大江健三郎
93・10 海にゆらぐ糸・石を積む……大庭みな子
93・10 おらんだ帽子……三浦哲郎
93・11 番茶菓子……幸田 文
93・11 晶子曼陀羅……佐藤春夫
93・11 式子内親王・永福門院……竹西寛子
93・11 或る年の冬 或る年の夏……藤枝静男
93・12 殉教・微笑……小島信夫
93・12 田村俊子……瀬戸内晴美
93・12 加賀金沢・故郷を辞す……室生犀星
93・12 菓子祭・夢の車輪……吉行淳之介
94・01 砂漠の思想……安部公房
94・01 一色一生……志村ふくみ
94・01 茶色の眼……林 芙美子
94・01 虚妄の正義……萩原朔太郎
94・02 車塵集・ほるとがる文……佐藤春夫
94・02 鳥のように獣のように……中上健次
94・02 内村鑑三・我が生涯と文学……正宗白鳥
94・02 本当のような話……吉田健一
94・03 眼の哲学・利休伝ノート……青山二郎
94・03 近江山河抄……白洲正子
94・03 村の家・おじさんの話・歌のわかれ……中野重治
94・03 おまんが紅・接木の台・雪女……和田芳恵
94・04 厄除け詩集……井伏鱒二
94・04 日本の紙・紙漉村旅日記……寿岳文章・寿岳しづ
94・04 箱の話・ここだけの話……花田清輝
94・04 水……古井由吉
94・05 包む……幸田 文
94・05 わが文芸談……小泉信三
94・05 才市・蓑笠の人……水上 勉
94・05 われら青春の途上にて・青丘の宿……李恢成
94・06 厄除け詩集 特装版……井伏鱒二
94・06 氏神さま・春雨・耳学問……木山捷平
94・06 ビリチスの歌……鈴木信太郎
94・06 木乃伊の口紅・破壊する前……田村俊子
94・06 詩集 野の娘……中川一政
94・07 小さな手袋……小沼 丹
94・07 詩人 金子光晴自伝……金子光晴
94・07 再婚者・弓浦市……川端康成
94・07 鷗外・漱石・龍之介 意中の文士たち（上）……福永武彦
94・08 雲の影・貧乏の説……幸田露伴
94・08 夢の力……中上健次
94・08 月は東に……安岡章太郎
94・08 戦艦大和ノ最期……吉田 満
94・09 新編 琅玕記……新村 出
94・09 魯迅……竹内 好
94・09 『わが性の白書』……中村光夫
94・09 あにいもうと・詩人の別れ……室生犀星
94・10 マルドロオルの歌……青柳瑞穂
94・10 河岸の古本屋……河盛好蔵

96・11 角帯兵児帯・わが半生記……木山捷平
96・11 世阿弥―花と幽玄の世界……白洲正子
96・11 文学人生案内……吉田健一
96・12 日本文壇史13 頽唐派の人たち……伊藤 整
96・12 浅草紅団・浅草祭……川端康成
96・12 ものみな歌でおわる・爆裂弾記……花田清輝
96・12 放浪時代・アパアトの女たちと僕と……竜胆寺 雄
97・01 妖・花食い姥……円地文子
97・01 人間・歴史・風土 坂口安吾エッセイ選……坂口安吾
97・01 空想家とシナリオ・汽車の罐焚き……中野重治
97・01 蕁麻の家……萩原葉子
97・02 日本文壇史14 反自然主義の人たち……伊藤 整
97・02 人間の悲劇……金子光晴
97・02 運命・幽情記……幸田露伴
97・02 私説聊斎志異……安岡章太郎
97・03 やきもの随筆……加藤唐九郎
97・03 管絃祭……竹西寛子
97・03 斗南先生・南島譚……中島 敦
97・03 たった一人の反乱……丸谷才一
97・04 日本文壇史15 近代劇運動の発足……伊藤 整
97・04 さようなら、ギャングたち……高橋源一郎
97・04 腐敗性物質……田村隆一
97・04 チャンドス卿の手紙・アンドレアス……ホフマンスタール
97・05 ユートピア紀行 有島武郎・宮沢賢治・武者小路実篤……伊藤信吉

97・05 魯庵の明治……内田魯庵
97・05 五月巡歴……黒井千次
97・05 テレーズ・デスケルウ……モーリアック
97・06 ワインズバーグ・オハイオ……アンダソン
97・06 日本文壇史16 大逆事件前後……伊藤 整
97・06 反悲劇……倉橋由美子
97・06 黒髪・別れたる妻に送る手紙……近松秋江
97・07 わが母の記―花の下・月の光・雪の面―……井上 靖
97・07 HIROSHIMA……小田 実
97・07 殉情詩集・我が一九二二年……佐藤春夫
97・07 響きと怒り……フォークナー
97・08 アルゴナウティカ アルゴ船物語……アポロニオス
97・08 日本文壇史17 転換点に立つ……伊藤 整
97・08 愛の生活・森のメリュジーヌ……金井美恵子
97・08 抹香町・路傍……川崎長太郎
97・09 由熙・ナビ・タリョン……李良枝
97・09 近代日本の批評Ⅰ 昭和篇（上）……柄谷行人編
97・09 鳩の翼（上）……ジェイムズ、H
97・09 閉ざされた庭……萩原葉子
97・10 日本文壇史18 明治末期の文壇……伊藤 整
97・10 ある人の生のなかに……川端康成
97・10 鳩の翼（下）……ジェイムズ、H
97・10 司馬遷―史記の世界……武田泰淳
97・11 夜ふけと梅の花・山椒魚……井伏鱒二
97・11 近代日本の批評Ⅱ 昭和篇（下）……柄谷行人編

97・11 親和力 …… ゲーテ
97・11 野いばらの衣 …… 三木 卓
97・12 新約聖書外典 …… 荒井 献編
97・12 蘭を焼く …… 瀬戸内寂聴
97・12 日本文壇史19 白樺派の若人たち …… 瀬沼茂樹
97・12 平凡・私は懐疑派だ …… 二葉亭四迷
98・01 アポロンの島 …… 小川国夫
98・01 近代日本の批評 Ⅲ 明治・大正篇 …… 柄谷行人編
98・01 儀式 …… シルコウ、L・M
98・01 何処へ・入江のほとり …… 正宗白鳥
98・02 謡曲平家物語 …… 白洲正子
98・02 日本文壇史20 漱石門下の文人たち …… 瀬沼茂樹
98・02 木犀の日 古井由吉自選短篇集 …… 古井由吉
98・02 迷路のなかで …… ロブ＝グリエ
98・03 使徒教父文書 …… 荒井 献編
98・03 年月のあしおと（上） …… 広津和郎
98・03 中世・剣 …… 三島由紀夫
98・03 晩年の父犀星 …… 室生朝子
98・04 挟み撃ち …… 後藤明生
98・04 日本文壇史21 「新しき女」の群 …… 瀬沼茂樹
98・04 招魂の賦 …… 中谷孝雄
98・04 エヴゲーニイ・オネーギン …… プーシキン
98・05 砂丘が動くように …… 日野啓三
98・05 年月のあしおと（下） …… 広津和郎
98・05 愛のごとく …… 山川方夫
98・05 阿Q正伝・藤野先生 …… 魯迅
98・06 日本文壇史22 明治文壇の残照 …… 瀬沼茂樹
98・06 私の上に降る雪は わが子中原中也を語る …… 中原フク述・村上 護編
98・06 日本浪曼派批判序説 …… 橋川文三
98・06 アブサロム、アブサロム！（上） …… フォークナー
98・07 魯庵日記 …… 内田魯庵
98・07 鳳仙花 …… 川崎長太郎
98・07 アブサロム、アブサロム！（下） …… フォークナー
98・07 私小説作家論 …… 山本健吉
98・08 ミドルマーチ（1） …… エリオット、G
98・08 女たちへのエレジー …… 金子光晴
98・08 志賀直哉交友録 …… 志賀直哉
98・08 日本文壇史23 大正文学の擡頭 …… 瀬沼茂樹
98・09 若い詩人の肖像 …… 伊藤 整
98・09 ミドルマーチ（2） …… エリオット、G
98・09 業苦・崖の下 …… 嘉村礒多
98・09 東京の三十年 …… 田山花袋
98・10 ミドルマーチ（3） …… エリオット、G
98・10 美しい墓地からの眺め …… 尾崎一雄
98・10 日本文壇史24 明治人漱石の死 …… 瀬沼茂樹
98・10 時間 …… 吉田健一
98・11 ミドルマーチ（4） …… エリオット、G
98・11 ノリソダ騒動記 …… 杉浦明平
98・11 日本の文学論 …… 竹西寛子

99·11 生命ある若者……パゾリーニ
99·12 情人……北原武夫
99·12 日本文壇史総索引 全24巻総目次総索引……講談社文芸文庫編
99·12 フランスから……高田博厚
00·01 ペテルブルグ（上）……ベールイ
00·01 ボロ家の春秋……梅崎春生
00·01 卵洗い……立松和平
00·01 ペテルブルグ（下）……ベールイ
00·01 若山牧水随筆集……若山牧水
00·02 夏服を着た女たち……ショー、I
00·02 寵児……津島佑子
00·02 山梔……野溝七生子
00·02 流離譚（上）……安岡章太郎
00·03 アブラハムの幕舎……大原富枝
00·03 一茶随想……荻原井泉水
00·03 愛の砂漠……モーリアック
00·03 流離譚（下）……安岡章太郎
00·04 井伏鱒二対談選……井伏鱒二
00·04 私の古寺巡礼……白洲正子
00·04 王道……マルロー
00·04 暗い流れ……和田芳恵
00·05 母よ……青野聰
00·05 神戸・続神戸・俳愚伝……西東三鬼
00·05 あめりか物語……永井荷風
00·05 白鯨 モービィ・ディック（上）……メルヴィル
00·06 日の果てから……大城立裕
00·06 歌枕……中里恒子
00·06 無盡蔵……濱田庄司
00·06 白鯨 モービィ・ディック（下）……メルヴィル
00·07 螢の河・源流へ 伊藤桂一作品集……伊藤桂一
00·07 日本三文オペラ 武田麟太郎作品選……武田麟太郎
00·07 蕪村集……中村草田男
00·07 カルメン・コロンバ……メリメ
00·08 虐殺された詩人……アポリネール
00·08 浦島草……大庭みな子
00·08 雲・山・太陽 串田孫一随想集……串田孫一
00·08 私のソーニャ・風祭 八木義徳名作選……八木義徳
00·09 椋鳥日記……小沼 丹
00·09 ロード・ジム（上）……コンラッド
00·09 神秘の詩の世界 多田不二詩文集……多田不二
00·09 おろおろ草紙……三浦哲郎
00·10 江東歳時記・清瀬村（抄） 石田波郷随想集……石田波郷
00·10 ロード・ジム（下）……コンラッド
00·10 湯葉・青磁砧……芝木好子
00·10 天国が降ってくる……島田雅彦
00·11 補陀落渡海記 井上靖短篇名作集……井上 靖
00·11 日本風景論……加藤典洋
00·11 たいくつな話・浮気な女……チェーホフ
00·11 家族会議……横光利一

00・12	海冥　太平洋戦争にかかわる十六の短篇	小田 実
00・12	但馬太郎治伝	獅子文六
00・12	実朝考　ホモ・レリギオーズスの文学	中野孝次
00・12	死の床に横たわりて	フォークナー
01・01	アメン父	田中小実昌
01・01	上海・ミッシェルの口紅　林京子中国小説集	林 京子
01・01	桂春団治	富士正晴
01・01	南回帰線	ミラー、H
01・02	現代詩人論	大岡 信
01・02	うるわしき日々	小島信夫
01・02	回転どあ・東京と大阪と	幸田 文
01・02	ドイツ悲哀劇の根源	ベンヤミン
01・03	成城だより（上）	大岡昇平
01・03	極楽・大祭・皇帝　笙野頼子初期作品集	笙野頼子
01・03	女獣心理	野溝七生子
01・04	成城だより（下）	大岡昇平
01・04	供述調書　佐木隆三作品集	佐木隆三
01・04	漱石人生論集	夏目漱石
01・05	生家へ	色川武大
01・05	大衆文学論	尾崎秀樹
01・05	新編「在日」の思想	金石範
01・06	鮎の宿	阿川弘之
01・06	生き急ぐ　スターリン獄の日本人	内村剛介
01・06	戦後短篇小説再発見 1　青春の光と影	講談社文芸文庫編
01・06	戦後短篇小説再発見 2　性の根源へ	講談社文芸文庫編
01・07	プレオー8の夜明け　古山高麗雄作品選	古山高麗雄
01・07	子規人生論集	正岡子規
01・07	やわらかい話　吉行淳之介対談集	吉行淳之介
01・08	鳴るは風鈴　木山捷平ユーモア小説選	木山捷平
01・08	戦後短篇小説再発見 3　さまざまな恋愛	講談社文芸文庫編
01・08	金色の盃（上）	ジェイムズ、H
01・09	戦後短篇小説再発見 4　漂流する家族	講談社文芸文庫編
01・09	齋藤史歌文集	齋藤 史
01・09	金色の盃（下）	ジェイムズ、H
01・10	上海游記・江南游記	芥川龍之介
01・10	われよりほかに（上）谷崎潤一郎最後の十二年	伊吹和子
01・10	戦後短篇小説再発見 5　生と死の光景	講談社文芸文庫編
01・11	われよりほかに（下）谷崎潤一郎最後の十二年	伊吹和子
01・11	戦後短篇小説再発見 6　変貌する都市	講談社文芸文庫編
01・11	私の人生頑固作法　高橋義孝エッセイ選	高橋義孝
01・12	百閒随筆 I	内田百閒

01・12 戦後短篇小説再発見7 故郷と異郷の幻影……講談社文芸文庫編
01・12 自伝の世紀……佐伯彰一
02・01 百閒随筆Ⅱ……内田百閒
02・01 戦後短篇小説再発見8 歴史の証言……講談社文芸文庫編
02・01 海の泡 檀一雄エッセイ集……檀一雄
02・02 作家の日記……遠藤周作
02・02 戦後短篇小説再発見9 政治と革命……講談社文芸文庫編
02・02 私という謎 寺山修司エッセイ選……寺山修司
02・02 好色女傑伝（上）……ブラントーム
02・03 戦後短篇小説再発見10 表現の冒険……講談社文芸文庫編
02・03 ロング・グッドバイ 寺山修司詩歌選……寺山修司
02・03 好色女傑伝（下）……ブラントーム
02・04 インド綿の服……庄野潤三
02・04 神楽坂・茶粥の記 矢田津世子作品集……矢田津世子
02・04 可能性としての「在日」……李恢成
02・05 草のいのちを 高見順短篇名作集……高見順
02・05 輪廻の暦……萩原葉子
02・05 鉄仮面（上）……ボアゴベ
02・06 地唄・三婆 有吉佐和子作品集……有吉佐和子
02・06 鉄仮面（下）……ボアゴベ
02・06 果てもない道中記（上）……安岡章太郎
02・07 山頭火随筆集……種田山頭火
02・07 草のつるぎ・一滴の夏 野呂邦暢作品集……野呂邦暢
02・07 果てもない道中記（下）……安岡章太郎
02・08 小林秀雄……江藤淳
02・08 春泥・三の酉……久保田万太郎
02・08 沈黙のまわり 谷川俊太郎エッセイ選……谷川俊太郎
02・09 鋪石の思想……秋山駿
02・09 芭蕉庵桃青……中山義秀
02・09 悪い夏・花束 吉行淳之介短篇小説集……吉行淳之介
02・10 旅の誘い 大佛次郎随筆集……大佛次郎
02・10 日本廻国記 一宮巡歴……川村二郎
02・10 あの夕陽・牧師館 日野啓三短篇小説集……日野啓三
02・11 パルタイ・紅葉狩り 倉橋由美子短篇小説集……倉橋由美子
02・11 自然主義文学盛衰史……正宗白鳥
02・11 セザンヌの山・空の細道 結城信一作品選……結城信一
02・12 女妖啼笑 はるかな女たち……奥野信太郎
02・12 わが荷風……野口冨士男
02・12 路地……三木卓
03・01 ファウスト（上）……ゲーテ
03・01 朽葉色のショール……小堀杏奴
03・01 歯車・至福千年 堀田善衛作品集……堀田善衛
03・02 歳月 安藤鶴夫随筆集……安藤鶴夫
03・02 ファウスト（下）……ゲーテ
03・02 城・ある告別 辻邦生初期短篇集……辻邦生

03・02　死霊 Ⅰ　埴谷雄高

03・03　新編 石川啄木　金田一京助

03・03　死霊 Ⅱ　埴谷雄高

03・03　鬼火・底のぬけた柄杓　吉屋信子作品集　吉屋信子

03・04　石川啄木歌文集　石川啄木

03・04　せみと蓮の花・昨日の恥　坪田譲治作品集　坪田譲治

03・04　死霊 Ⅲ　埴谷雄高

03・05　初舞台・彼岸花　里見弴作品選　里見 弴

03・05　槿　古井由吉

03・05　メランコリーの水脈　三浦雅士

03・06　独断的作家論　宇野浩二

03・06　戦後短篇小説再発見 11　事件の深層　講談社文芸文庫編

03・06　戦後短篇小説再発見 12　男と女―青春・恋愛　講談社文芸文庫編

03・06　杉田久女随筆集　杉田久女

03・07　身心快楽　武田泰淳随筆選　武田泰淳

03・07　半日の放浪　高井有一自選短篇集　高井有一

03・07　対談・人間と文学　中村光夫・三島由紀夫

03・08　美を求める心　岡部伊都子

03・08　戦後短篇小説再発見 13　男と女―結婚・エロス　講談社文芸文庫編

03・08　大阪の宿　水上瀧太郎

03・09　文芸時評　川端康成

03・09　戦後短篇小説再発見 14　自然と人間　講談社文芸文庫編

03・09　花筐・白雲悠々　檀一雄作品選　檀 一雄

03・10　徳山道助の帰郷・殉愛　柏原兵三

03・10　戦後短篇小説再発見 15　笑いの源泉　講談社文芸文庫編

03・10　林芙美子・宮本百合子　平林たい子

03・11　花づとめ　安東次男

03・11　耽溺・毒薬を飲む女　岩野泡鳴

03・11　戦後短篇小説再発見 16　「私」という迷宮　講談社文芸文庫編

03・12　戦後短篇小説再発見 17　組織と個人　講談社文芸文庫編

03・12　ある女の遠景　舟橋聖一

03・12　月の十日　三好達治

04・01　戦後短篇小説再発見 18　夢と幻想の世界　講談社文芸文庫編

04・01　奈良登大路町・妙高の秋　島村利正

04・01　私の文学放浪　吉行淳之介

04・02　異域の人・幽鬼　井上靖歴史小説集　井上 靖

04・02　ひべるにあ島紀行　富岡多恵子

04・02　埴谷雄高政治論集　埴谷雄高評論選書1　埴谷雄高

04・03　世相・競馬　織田作之助

04・03　石の話　黒井千次自選短篇集　黒井千次

04・03　埴谷雄高思想論集　埴谷雄高評論選書2　埴谷雄高

04・04　なまみこ物語・源氏物語私見　円地文子

04・04 ジョン・レノン対火星人……高橋源一郎
04・04 埴谷雄高文学論集 埴谷雄高評論選書3……埴谷雄高
04・05 尾崎放哉随筆集……尾崎放哉
04・05 ピアノの音……庄野潤三
04・05 福田恆存文芸論集……福田恆存
04・06 あじさしの洲・骨王 小川国夫自選短篇集……小川国夫
04・06 思想への望郷 寺山修司対談選……寺山修司
04・06 残光のなかで 山田稔作品選……山田 稔
04・07 花衣……上田三四二
04・07 念珠集……斎藤茂吉
04・07 怒りの子……高橋たか子
04・08 妣たちの国 石牟礼道子詩歌文集……石牟礼道子
04・08 深い河・辻火 田久保英夫作品集……田久保英夫
04・08 日本文学史早わかり……丸谷才一
04・09 狂人日記……色川武大
04・09 批評の精神……高橋英夫
04・09 星条旗の聞こえない部屋……リービ英雄
04・10 寂兮寥兮（かたちもなく）……大庭みな子
04・10 大観伝……近藤啓太郎
04・10 詩人のノート……田村隆一
04・11 白秋青春詩歌集……北原白秋
04・11 袋小路の休日……小林信彦
04・11 骨の火……森内俊雄
04・12 改訂 文学入門……伊藤 整
04・12 二重壁・なまけもの 開高健初期作品集……開高 健
04・12 風景の向こうへ・物語の系譜……中上健次
05・01 五里霧……大西巨人
05・01 窪田空穂歌文集……窪田空穂
05・01 神の道化師・媒灼人 椎名麟三短篇集……椎名麟三
05・02 腕一本・巴里の横顔 藤田嗣治エッセイ選……藤田嗣治
05・02 夏の流れ 丸山健二初期作品集……丸山健二
05・02 吉本隆明対談選……吉本隆明
05・03 金色の死 谷崎潤一郎大正期短篇集……谷崎潤一郎
05・03 雲のゆき来……中村真一郎
05・03 新編 物いう小箱……森 銑三
05・04 婉という女・正妻……大原富枝
05・04 ゴットハルト鉄道……多和田葉子
05・04 新装版 一葉の日記……和田芳恵
05・05 作家は行動する……江藤 淳
05・05 日本の童話名作選 明治・大正篇……講談社文芸文庫編
05・05 雪あかり 曽野綾子初期作品集……曽野綾子
05・06 石原吉郎詩文集……石原吉郎
05・06 東京小説……野坂昭如
05・06 長い時間をかけた人間の経験……林 京子
05・07 静かなノモンハン……伊藤桂一
05・07 日本の童話名作選 昭和篇……講談社文芸文庫編
05・07 わが子キリスト……武田泰淳
05・08 無限抱擁……瀧井孝作
05・08 ボードレールと私……西脇順三郎

05・08 湖畔・ハムレット 久生十蘭作品集……久生十蘭
05・09 小林秀雄対話集……小林秀雄
05・09 俳句の世界……山本健吉
05・09 終着駅……結城昌治
05・10 ショート・サーキット 佐伯一麦初期作品集……佐伯一麦
05・10 乳を売る・朝の霧 松田解子作品集……松田解子
05・10 柳田國男文芸論集……柳田國男
05・11 丘の一族 小林信彦自選作品集……小林信彦
05・11 日日の麵麭・風貌 小山清作品集……小山 清
05・11 半日半夜 杉本秀太郎エッセイ集……杉本秀太郎
05・12 幾度目かの最期 久坂葉子作品集……久坂葉子
05・12 維納の殺人容疑者……佐藤春夫
05・12 世界漫遊随筆抄……正宗白鳥
06・01 蝶が飛ぶ 葉っぱが飛ぶ……河井寛次郎
06・01 三田の詩人たち……篠田一士
06・01 鮎・母の日・妻 丹羽文雄短篇集……丹羽文雄
06・02 対談・文学と人生……小島信夫・森 敦
06・02 動物の葬禮・はつむかし 富岡多恵子自選短篇集……富岡多恵子
06・02 ソロモンの歌・一本の木……吉田秀和
06・03 徳利と酒盃・漁陶紀行 小山富士夫随筆集……小山富士夫
06・03 第一義の道・赤蛙……島木健作
06・03 メタモルフォーシス ギリシア変身物語集……アントーニーヌス・リーベラーリス

06・04 長春五馬路……木山捷平
06・04 山を走る女……津島佑子
06・04 三島由紀夫文学論集Ⅰ……三島由紀夫
06・05 花影……大岡昇平
06・05 自分の羽根 庄野潤三随筆集……庄野潤三
06・05 三島由紀夫文学論集Ⅱ……三島由紀夫
06・06 もぐら随筆……川崎長太郎
06・06 平林たい子毒婦小説集……平林たい子
06・06 三島由紀夫文学論集Ⅲ……三島由紀夫
06・07 人生の同伴者……遠藤周作・佐藤泰正
06・07 1946・文学的考察……加藤周一・中村真一郎・福永武彦
06・07 あらくれ……徳田秋声
06・08 白と黒の造形……駒井哲郎
06・08 新編 疾走するモーツァルト……高橋英夫
06・08 肉体の悪魔・失われた男……田村泰次郎
06・09 坂口安吾と中上健次……柄谷行人
06・09 山躁賦……古井由吉
06・09 存在の秋……前 登志夫
06・10 月光・暮坂 小島信夫後期作品集……小島信夫
06・10 決壊……小林信彦
06・10 定家百首・雪月花（抄）……塚本邦雄
06・11 焼跡のイエス・善財……石川 淳
06・11 虹の彼方に（オーヴァー・ザ・レインボウ）……高橋源一郎
06・11 萩原朔太郎……三好達治

06・12 どこか或る家 高橋たか子自選エッセイ集……高橋たか子

06・12 旅の時間……吉田健一

06・12 欧洲紀行……横光利一

07・01 ハムレット役者 芥川比呂志エッセイ選……芥川比呂志

07・01 世の中へ・乳の匂い 加能作次郎作品集……加能作次郎

07・01 北京飯店旧館にて……中薗英助

07・02 新しい人よ眼ざめよ……大江健三郎

07・02 日本の童話名作選 戦後篇……講談社文芸文庫編

07・02 若い荒地……田村隆一

07・03 随筆 泥仏堂日録……川喜田半泥子

07・03 うるわしきあさも 阪田寛夫短篇集……阪田寛夫

07・03 季節と詩心……堀口大學

07・04 東文彦作品集……東 文彦

07・04 さざなみの日記……幸田 文

07・04 偶像再興・面とペルソナ 和辻哲郎感想集……和辻哲郎

07・05 時の潮……高井有一

07・05 ロダンの言葉……高村光太郎

07・05 随筆三国志……花田清輝

07・06 アメリカと私……江藤 淳

07・06 私の詩と真実……河上徹太郎

07・06 糞尿譚・河童曼陀羅（抄）……火野葦平

07・07 濁った激流にかかる橋……伊井直行

07・07 愛撫・静物 庄野潤三初期作品集……庄野潤三

07・07 ロンドンの味 吉田健一未収録エッセイ……吉田健一

07・08 私の戦旅歌……伊藤桂一

07・08 柿二つ……高浜虚子

07・08 贋・久坂葉子伝……富士正晴

07・09 内部の人間の犯罪 秋山駿評論集……秋山 駿

07・09 ザ・ダルマ・バムズ……ケルアック、J

07・09 墓碑銘……小島信夫

07・10 世俗の詩・民衆の歌 池田彌三郎エッセイ選……池田彌三郎

07・10 老いた体操教師・瀧子其他 小林多喜二初期作品集……小林多喜二

07・10 この三つのもの……佐藤春夫

07・11 贈答のうた……竹西寛子

07・11 暗夜遍歴……辻井 喬

07・11 鰐 ドストエフスキー ユーモア小説集……ドストエフスキー

07・12 黒い裾……幸田 文

07・12 日本の童話名作選 現代篇……講談社文芸文庫編

07・12 相撲記……舟橋聖一

08・01 影について……司 修

08・01 梅一輪・湘南雑筆（抄） 徳冨蘆花作品集……徳冨蘆花

08・01 壺坂幻想……水上 勉

08・02 堀辰雄覚書・サド伝……遠藤周作

08・02 逆髪……富岡多惠子

08・02 吉田健一対談集成……吉田健一

08・03 試みの岸……小川国夫

08・03 回想の太宰治……津島美知子

08・03 やわらかい話2 吉行淳之介対談集……吉行淳之介

08・04 往復書簡 …… 宇野千代・中里恒子
08・04 田園風景 …… 坂上 弘
08・04 風貌・私の美学 土門拳エッセイ選 …… 土門 拳
08・05 思い出す顔 戸板康二メモワール選 …… 戸板康二
08・05 復興期の精神 …… 花田清輝
08・05 酩酊船 森敦初期作品集 …… 森 敦
08・06 百句燦燦 現代俳諧頌 …… 塚本邦雄
08・06 悉皆屋康吉 …… 舟橋聖一
08・06 ひとつの文壇史 …… 和田芳恵
08・07 たまらん坂 武蔵野短篇集 …… 黒井千次
08・07 『徒然草』を読む …… 杉本秀太郎
08・07 インド酔夢行 …… 田村隆一
08・08 「アボジ」を踏む 小田実短篇集 …… 小田 実
08・08 長篇小説 芥川龍之介 …… 小島政二郎
08・08 高級な友情 小林秀雄と青山二郎 …… 野々上慶一
08・09 白山の水 鏡花をめぐる …… 川村二郎
08・09 夜明けの家 …… 古井由吉
08・09 室町記 …… 山崎正和
08・10 単線の駅 …… 尾崎一雄
08・10 完訳グリム童話集1 …… グリム兄弟
08・10 文学概論 …… 吉田健一
08・11 遠景・雀・復活 色川武大短篇集 …… 色川武大
08・11 完訳グリム童話集2 …… グリム兄弟
08・11 槐多の歌へる 村山槐多詩文集 …… 村山槐多
08・12 完訳グリム童話集3 …… グリム兄弟

08・12 閉ざされた海 中納言秀家夫人の生涯 …… 中里恒子
08・12 新選 与謝野晶子歌集 …… 与謝野晶子
09・01 本覚坊遺文 …… 井上 靖
09・01 江戸文学問わず語り …… 円地文子
09・01 吉田松陰 武と儒による人間像 …… 河上徹太郎
09・02 わが美的洗脳 大岡昇平芸術エッセイ集 …… 大岡昇平
09・02 食魔 岡本かの子食文学傑作選 …… 岡本かの子
09・02 台風の眼 …… 日野啓三
09・03 日本近代文学の起源 原本 …… 柄谷行人
09・03 世界文学「食」紀行 …… 篠田一士
09・03 西鶴の感情 …… 富岡多恵子
09・04 京伝店の烟草入れ 井上ひさし江戸小説集 …… 井上ひさし
09・04 コシャマイン記・ベロニカ物語 鶴田知也作品集 …… 鶴田知也
09・04 文士と骨董 やきもの随筆 …… 森 孝一編
09・05 鳴滝日記・道 岡部伊都子随筆集 …… 岡部伊都子
09・05 伊東静雄 …… 杉本秀太郎
09・05 なぎの葉考・少女 野口冨士男短篇集 …… 野口冨士男
09・06 戦場の博物誌 開高健短篇集 …… 開高 健
09・06 林達夫芸術論集 …… 林 達夫
09・06 街角の煙草屋までの旅 吉行淳之介エッセイ選 …… 吉行淳之介
09・07 村のエトランジェ …… 小沼 丹
09・07 王朝百首 …… 塚本邦雄

09・07　力士漂泊　相撲のアルケオロジー……宮本徳蔵
09・08　オモニ太平記……小田　実
09・08　蛇・愛の陰画……倉橋由美子
09・08　恋ごころ　里見弴短篇集……里見　弴
09・09　未成年・桃　阿部昭短篇選……阿部　昭
09・09　アメリカの影……加藤典洋
09・09　哈爾濱詩集・大陸の琴……室生犀星
09・10　対談　文学の戦後……鮎川信夫・吉本隆明
09・10　朱を奪うもの……円地文子
09・10　豆腐屋の四季　ある青春の記録……松下竜一
09・11　美濃……小島信夫
09・11　原点が存在する　谷川雁詩文集……谷川　雁
09・11　文学のプログラム……山城むつみ
09・12　新編　歴史小説の周囲……井上　靖
09・12　石の来歴・浪漫的な行軍の記録……奥泉　光
09・12　口福無限……草野心平
10・01　冬の宿……阿部知二
10・01　野菜讃歌……庄野潤三
10・01　虹の理論……中沢新一
10・02　桃の宿……阿川弘之
10・02　神屋宗湛の残した日記……井伏鱒二
10・02　詩とダダと私と……吉行淳之介
10・03　画家小出楢重の肖像……岩阪恵子
10・03　現代アイヌ文学作品選……川村　湊編
10・03　流域へ（上）……李　恢成
10・03　流域へ（下）……李　恢成
10・04　折口信夫文芸論集……折口信夫
10・04　ゴーストバスターズ　冒険小説……高橋源一郎
10・04　中原中也の手紙……安原喜弘
10・05　青春の賭け　小説織田作之助……青山光二
10・05　刻……李　良枝
10・05　文学の楽しみ……吉田健一
10・06　常識的文学論……大岡昇平
10・06　箱庭……三浦朱門
10・06　書物の解体学……吉本隆明
10・07　夏の栞　―中野重治をおくる―……佐多稲子
10・07　深夜の酒宴・美しい女……椎名麟三
10・07　水の女……中上健次
10・08　論語知らずの論語読み……阿川弘之
10・08　文林通言……石川　淳
10・08　やさしい女・白夜……ドストエフスキー
10・09　夢屑……島尾敏雄
10・09　われらにとって美は存在するか……服部　達
10・09　三田文学短篇選……三田文学会編
10・10　錨のない船（上）……加賀乙彦
10・10　一日　夢の柵……黒井千次
10・10　わんぱく時代……佐藤春夫
10・11　錨のない船（下）……加賀乙彦
10・11　聖ヨハネ病院にて・大懺悔……上林　暁
10・11　女ともだち……中沢けい

10・12 銀色の鈴……小沼 丹
10・12 暗い絵・顔の中の赤い月……野間 宏
10・12 震える舌……三木 卓
11・01 小さな部屋・明日泣く……色川武大
11・01 藤枝静男随筆集……藤枝静男
11・01 正宗白鳥 その底にあるもの……山本健吉
11・02 野鴨……庄野潤三
11・02 夜逃げ町長……杉浦明平
11・02 へっぽこ先生その他……永井龍男
11・03 大陸の細道……木山捷平
11・03 西行百首……塚本邦雄
11・03 月夜の記憶……吉村 昭
11・04 森の宿……阿川弘之
11・04 傷ある翼……円地文子
11・04 柄谷行人中上健次全対話……柄谷行人・中上健次
11・05 折口信夫天皇論集……折口信夫
11・05 笛吹川……深沢七郎
11・05 天安門……リービ英雄
11・06 黙阿弥……河竹登志夫
11・06 風媒花……武田泰淳
11・06 読書清遊 富士川英郎随筆選……富士川英郎
11・07 現代沖縄文学作品選……川村 湊編
11・07 小林秀雄全文芸時評集（上）……小林秀雄
11・07 交遊録……吉田健一
11・08 小林秀雄全文芸時評集（下）……小林秀雄
11・08 第三の新人名作選……講談社文芸文庫編
11・08 順番が来るまで……和田芳恵
11・09 私の東京地図……佐多稲子
11・09 朝夕 感想・随筆集……里見 弴
11・09 ルイズ 父に貰いし名は……松下竜一
11・10 如何なる星の下に……高見 順
11・10 兄 小林秀雄との対話 人生について……高見沢潤子
11・10 丸本歌舞伎……戸板康二
11・11 大阪文学名作選……富岡多恵子編
11・11 風俗小説論……中村光夫
11・11 志賀直哉・天皇・中野重治……藤枝静男
11・12 鞆ノ津茶会記……井伏鱒二
11・12 陽気なクラウン・オフィス・ロウ……庄野潤三
11・12 風立ちぬ・ルウベンスの偽画……堀 辰雄
12・01 更紗の絵……小沼 丹
12・01 ベトナム報道……日野啓三
12・01 意味の変容・マンダラ紀行……森 敦
12・02 亡き母や……阿川弘之
12・02 スフィンクスは笑う……安部ヨリミ
12・02 深夜の人・結婚者の手記……室生犀星
12・03 アレゴリーの織物……川村二郎
12・03 荊棘の冠……里見 弴
12・03 酔っぱらい読本……吉行淳之介編
12・04 鷹……石川 淳
12・04 さして重要でない一日……伊井直行

12・04 甲州子守唄……深沢七郎
12・05 折口信夫芸能論集……折口信夫
12・05 反文学論……柄谷行人
12・05 私小説名作選（上）……中村光夫選
12・06 使徒的人間 ―カール・バルト―……富岡幸一郎
12・06 私小説名作選（下）……中村光夫選
12・06 早稲田作家処女作集……早稲田文学・市川真人編
12・07 私の長崎地図……佐多稲子
12・07 斎藤茂吉ノート……中野重治
12・07 かげろうの日記遺文……室生犀星
12・08 プリューターク英雄伝……澤田 謙
12・08 地の果て 至上の時……中上健次
12・08 希望……林 京子
12・09 贋物・父の葬式……葛西善蔵
12・09 個人全集月報集 安岡章太郎全集・吉行淳之介全集・
庄野潤三全集……講談社文芸文庫編
12・09 夏目漱石論……蓮實重彦
12・10 鉄道大バザール（上）……セルー、P
12・10 転々私小説論……多田道太郎
12・10 遙かなノートル・ダム……森 有正
12・11 鉄道大バザール（下）……セルー、P
12・11 飛魂……多和田葉子
12・11 花月五百年 新古今天才論……塚本邦雄
12・12 木山さん、捷平さん……岩阪恵子
12・12 遠藤周作短篇名作選……遠藤周作
12・12 落葉・回転窓 木山捷平純情小説選……木山捷平
13・01 死の淵より……高見 順
13・01 猛犬 忠犬 ただの犬……戸川幸夫
13・01 続・酔っぱらい読本……吉行淳之介編
13・02 春夏秋冬……生島遼一
13・02 死の島（上）……福永武彦
13・02 丸谷才一編・花柳小説傑作選……丸谷才一編
13・03 昭和戦前傑作落語選集……講談社文芸文庫編
13・03 死の島（下）……福永武彦
13・03 マス・イメージ論……吉本隆明
13・04 愛国者たち……藤枝静男
13・04 恋と日本文学と本居宣長・女の救はれ……丸谷才一
13・04 犬をえらばば……安岡章太郎
13・05 虹と修羅……円地文子
13・05 追悼の文学史……講談社文芸文庫編
13・05 大東京繁昌記 下町篇……講談社文芸文庫編
13・06 折口信夫対話集……折口信夫
13・06 大東京繁昌記 山手篇……講談社文芸文庫編
13・06 聖耳……古井由吉
13・07 柄谷行人蓮實重彦全対話……柄谷行人・蓮實重彦
13・07 ロッテルダムの灯……庄野英二
13・07 花に舞う・日本遊民伝 深沢七郎音楽小説選……深沢七郎
13・08 昭和戦前傑作落語選集 伝説の名人編……講談社文芸文庫編

13・08 戦後詩 ユリシーズの不在 …… 寺山修司
13・08 地下へ・サイゴンの老人 ベトナム全短篇集 …… 日野啓三
13・09 個人全集月報集 藤枝静男著作集・永井龍男全集 …… 講談社文芸文庫編
13・09 芸者小夏 …… 舟橋聖一
13・09 読書と人生 …… 三木 清
13・10 釣師・釣場 …… 井伏鱒二
13・10 狂い凧 …… 梅崎春生
13・10 考えるよろこび …… 江藤 淳
13・11 私の万葉集一 …… 大岡 信
13・11 北愁 …… 幸田 文
13・11 『少年倶楽部』短篇選 …… 講談社文芸文庫編
13・12 老残・死に近く 川崎長太郎老境小説集 …… 川崎長太郎
13・12 幽界森娘異聞 …… 笙野頼子
13・12 日本の沙漠のなかに …… 深瀬基寛
14・01 東京オリンピック 文学者の見た世紀の祭典 …… 講談社編
14・01 幼年 その他 …… 福永武彦
14・01 おたのしみ弁当 吉田健一未収録エッセイ …… 吉田健一
14・02 珈琲挽き …… 小沼 丹
14・02 柄谷行人インタヴューズ 1977-2001 …… 柄谷行人
14・02 青天有月 エセー …… 松浦寿輝
14・03 西海原子力発電所・輸送 …… 井上光晴
14・03 柄谷行人インタヴューズ 2002-2013 …… 柄谷行人
14・03 福島の文学 11人の作家 …… 講談社文芸文庫編
14・04 ああ玉杯に花うけて 少年倶楽部名作選 …… 佐藤紅緑
14・04 ザボンの花 …… 庄野潤三
14・04 かかとを失くして・三人関係・文字移植 …… 多和田葉子
14・05 有田川 …… 有吉佐和子
14・05 私の万葉集二 …… 大岡 信
14・05 英国の青年 吉田健一未収録エッセイ …… 吉田健一
14・06 地獄変相奏鳴曲 第一楽章・第二楽章・第三楽章 …… 大西巨人
14・06 公園・卒業式 小島信夫初期作品集 …… 小島信夫
14・06 日和山 佐伯一麦自選短篇集 …… 佐伯一麦
14・07 地獄変相奏鳴曲 第四楽章 …… 大西巨人
14・07 日日の麵麭・風貌 小山清作品集 …… 小山 清
14・07 青鞜小説集 …… 青鞜社編
14・08 個人全集月報集 円地文子文庫・円地文子全集・佐多稲子全集・宇野千代全集 …… 講談社文芸文庫編
14・08 凡人伝 …… 佐々木 邦
14・08 残響 中原中也の詩によせる言葉 …… 町田 康
14・09 手紙読本 …… 江國 滋選
14・09 私の万葉集三 …… 大岡 信
14・09 「私小説」を読む …… 蓮實重彦
14・10 砂の粒・孤独な場所で 金井美恵子自選短篇集 …… 金井美恵子
14・10 現代小説クロニクル 1975〜1979 …… 日本文藝家協会編
14・10 最後の酔っぱらい読本 …… 吉行淳之介編

14・11 泡・裸木 川崎長太郎花街小説集……川崎長太郎
14・11 妻を失う 離別作品集……講談社文芸文庫編
14・11 秀吟百趣……塚本邦雄
14・12 旅の話・犬の夢……江藤 淳
14・12 その言葉を・暴力の舟・三つ目の鯰……奥泉 光
14・12 金達寿小説集……金達寿
14・12 現代小説クロニクル 1980〜1984……日本文藝家協会編
15・01 私の万葉集四……大岡 信
15・01 靴の話・眼 小島信夫家族小説集……小島信夫
15・01 『少年倶楽部』熱血・痛快・時代短篇選……講談社文芸文庫編
15・02 男性作家が選ぶ太宰治……太宰 治
15・02 女性作家が選ぶ太宰治……太宰 治
15・02 現代小説クロニクル 1985〜1989……日本文藝家協会編
15・02 新東京文学散歩 上野から麻布まで……野田宇太郎
15・03 非常・寒風・雪国抄 川端康成傑作短篇再発見……川端康成
15・03 鳥の水浴び……庄野潤三
15・03 素描 埴谷雄高を語る……講談社文芸文庫編
15・04 新編 日本の旅あちこち……木山捷平
15・04 芭蕉入門……幸田露伴
15・04 現代小説クロニクル 1990〜1994……日本文藝家協会編
15・04 お供え……吉田知子
15・05 私の万葉集五……大岡 信
15・05 凡庸な芸術家の肖像（上）マクシム・デュ・カン論……蓮實重彦
15・05 白鳥随筆……正宗白鳥
15・06 恋人たち・降誕祭の夜 金井美恵子自選短篇集……金井美恵子
15・06 現代小説クロニクル 1995〜1999……日本文藝家協会編
15・06 原民喜戦後全小説……原 民喜
15・06 凡庸な芸術家の肖像（下）マクシム・デュ・カン論……蓮實重彦
15・07 城壁・星 小島信夫戦争小説集……小島信夫
15・07 戦争小説短篇名作選……講談社文芸文庫編
15・07 仮往生伝試文……古井由吉
15・08 谷崎潤一郎論……中村光夫
15・08 現代小説クロニクル 2000〜2004……日本文藝家協会編
15・08 新東京文学散歩 漱石・一葉・荷風など……野田宇太郎
15・08 白鳥評論……正宗白鳥
15・09 わが胸の底のここには……高見 順
15・09 人形愛・秘儀・甦りの家……高橋たか子
15・09 室生犀星……富岡多恵子
15・10 ひかげの宿・山桜 川崎長太郎「抹香町」小説集……川崎長太郎

15・10 ノルゲ Norge …… 佐伯一麦
15・10 現代小説クロニクル 2005〜2009 …… 日本文藝家協会編
15・10 北條民雄 小説随筆書簡集 …… 北條民雄
15・11 悪酒の時代 猫のことなど ―梅崎春生随筆集― …… 梅崎春生
15・11 ミイラになるまで 島田雅彦初期短篇集 …… 島田雅彦
15・11 珠玉百歌仙 …… 塚本邦雄
15・12 エオンタ・自然の子供 金井美恵子自選短篇集 …… 金井美恵子
15・12 現代小説クロニクル 2010〜2014 …… 日本文藝家協会編
15・12 酒と戦後派 人物随想集 …… 埴谷雄高
15・12 ドストエフスキー …… 山城むつみ
16・01 酔いざめ日記 …… 木山捷平
16・01 「内向の世代」初期作品アンソロジー …… 黒井千次選
16・01 埴谷雄高 …… 鶴見俊輔
16・02 原色の呪文 現代の芸術精神 …… 岡本太郎
16・02 寺田寅彦セレクションⅠ …… 寺田寅彦
16・02 やすらかに今はねむり給え・道 …… 林 京子
16・03 戦後文学を読む …… 奥泉 光・群像編集部編
16・03 木下杢太郎随筆集 …… 木下杢太郎
16・03 風の系譜 …… 野口冨士男
16・03 草のつるぎ・一滴の夏 野呂邦暢作品集［ワイド］ …… 野呂邦暢
16・03 神楽坂・茶粥の記 矢田津世子作品集［ワイド］ …… 矢田津世子
16・03 絵空ごと・百鬼の会［ワイド］ …… 吉田健一
16・04 光の曼陀羅 日本文学論 …… 安藤礼二
16・04 30代作家が選ぶ太宰治 …… 太宰 治
16・04 「文壇」の崩壊 …… 十返 肇
16・04 哀歌［ワイド］ …… 遠藤周作
16・05 『深い河』創作日記 …… 遠藤周作
16・05 「現代の文学」月報集 …… 講談社文芸文庫編
16・05 寺田寅彦セレクションⅡ …… 寺田寅彦
16・05 百閒随筆Ⅰ［ワイド］ …… 内田百閒
16・06 明治深刻悲惨小説集 …… 講談社文芸文庫編
16・06 故人 …… 坂上 弘
16・06 白暗淵 …… 古井由吉
16・06 愛のごとく［ワイド］ …… 山川方夫
16・07 あまりに野蛮な（上） …… 津島佑子
16・07 あまりに野蛮な（下） …… 津島佑子
16・07 思い出す事など・私の個人主義・硝子戸の中 …… 夏目漱石
16・07 戦艦大和ノ最期［ワイド］ …… 吉田 満
16・08 星に願いを …… 庄野潤三
16・08 天界と地獄 スエデンボルグ著 …… 鈴木大拙訳
16・08 我が愛する詩人の伝記 …… 室生犀星
16・09 蒲生氏郷・武田信玄・今川義元 …… 幸田露伴
16・09 苦心の学友 …… 佐々木 邦

16・09	東京の横丁	永井龍男
16・09	袋小路の休日［ワイド］	小林信彦
16・10	個人全集月報集 武田百合子全作品・森茉莉全集	講談社文芸文庫編
16・10	スエデンボルグ	鈴木大拙
16・10	湯川秀樹歌文集	湯川秀樹
16・10	月は東に［ワイド］	安岡章太郎
16・11	戦後的思考	加藤典洋
16・11	新撰 小倉百人一首	塚本邦雄
16・11	自伝的女流文壇史	吉屋信子
16・11	長春五馬路［ワイド］	木山捷平
16・12	木菟燈籠	小沼 丹
16・12	谷間 再びルイへ。	林 京子
16・12	諷詠十二月	三好達治
16・12	抱擁家族［ワイド］	小島信夫
17・01	黄金の時刻の滴り	辻 邦生
17・01	幽 花腐し	松浦寿輝
17・01	三木清教養論集	三木 清
17・01	日和下駄 一名 東京散策記［ワイド］	永井荷風
17・02	K	三木 卓
17・02	聖火	モーム
17・02	昔話	吉田健一
17・03	建築文学傑作選	青木 淳選
17・03	明日なき身	岡田 睦
17・03	猫道 単身転々小説集	笙野頼子
17・03	小林秀雄対話集［ワイド］	小林秀雄
17・04	黴 爛	徳田秋声
17・04	三木清大学論集	三木 清
17・04	写生の物語	吉本隆明
17・04	古典の細道［ワイド］	白洲正子
17・05	ヤマネコ・ドーム	津島佑子
17・05	蜩の声	古井由吉
17・05	春の華客・旅恋い	山川方夫
17・06	雲は天才である	石川啄木
17・06	天使よ故郷を見よ（上）	ウルフ、T
17・06	現代詩試論・詩人の設計図	大岡 信
17・06	私の文学放浪［ワイド］	吉行淳之介
17・07	天使よ故郷を見よ（下）	ウルフ、T
17・07	空吹く風・暗黒天使と小悪魔・愛と憎しみの傷に 田中英光デカダン作品集	田中英光
17・07	感触的昭和文壇史	野口冨士男
17・08	橇・豚群	黒島伝治
17・08	ヘンリー・ジェイムズ傑作選	ジェイムズ、H
17・09	文芸的な、余りに文芸的な・饒舌録 ほか 芥川vs.谷崎論争	芥川龍之介・谷崎潤一郎
17・09	天窓のあるガレージ	日野啓三
17・09	三木清文芸批評集	三木 清
17・10	変身のためのオピウム・球形時間	多和田葉子
17・10	シェイクスピアの面白さ	中野好夫
17・11	詞華美術館	塚本邦雄

17・11 七十句・八十八句……丸谷才一
17・11 わが文学生活……吉行淳之介
17・12 藁屋根……小沼 丹
17・12 獄中十八年……徳田球一・志賀義雄
17・12 小説作法……丹羽文雄
18・01 小林秀雄と中原中也……秋山 駿
18・01 意味という病［ワイド］……柄谷行人
18・03 西南役伝説……石牟礼道子
18・03 群像短篇名作選 1946〜1969……群像編集部編
18・03 報いられたもの・働き手……モーム
18・04 内省と遡行……柄谷行人
18・04 群像短篇名作選 1970〜1999……群像編集部編
18・04 木喰上人……柳 宗悦
18・05 崑崙の玉・漂流 井上靖歴史小説傑作選……井上 靖
18・05 群像短篇名作選 2000〜2014……群像編集部編
18・05 庄野潤三ノート……阪田寛夫
18・06 帰れぬ人びと……鷺沢 萠
18・06 現代文士廿八人……中村武羅夫
18・07 海舟余波 わが読史余滴……江藤 淳
18・07 紫陽花舎随筆……鏑木清方
18・07 唐山感情集……日夏耿之介
18・08 東京の散歩道……窪川鶴次郎
18・08 僕の昭和史……安岡章太郎
18・09 隠れたる事実 明治裏面史……伊藤痴遊
18・09 底ぬけビンボー暮らし……松下竜一
18・10 芥川龍之介と太宰治……福田恆存
18・10 昭和期デカダン短篇集……道籏泰三編
18・11 〈自由〉の条件……大澤真幸
18・11 百花遊歴……塚本邦雄
18・12 物語批判序説……蓮實重彥
18・12 ラフォルグ抄……吉田健一訳
19・01 この百年の小説 人生と文学と……中村真一郎
19・02 明夫と良二……庄野潤三
19・02 高濱虚子 並に周囲の作者達……水原秋櫻子
19・04 雲をつかむ話／ボルドーの義兄……多和田葉子
19・04 追悼私記 完全版……吉本隆明
19・05 詩集「三人」……金子光晴
19・05 完本 太宰と井伏 ふたつの戦後……加藤典洋
19・06 モナリザの微笑 ハクスレー傑作選……ハクスレー、○
19・07 異邦の香り ネルヴァル『東方紀行』論……野崎 歓
19・08 狼の吐息／愛憎一念 藤澤清造 負の小説集……藤澤清造
19・08 子午線を求めて……堀江敏幸
19・10 柄谷行人浅田彰全対話……柄谷行人・浅田 彰
19・10 珍饌会 露伴の食……幸田露伴
19・11 茂吉秀歌『赤光』百首……塚本邦雄
19・11 ヒューマニズム考 人間であること……渡辺一夫
19・12 オールド・ファッション 普通の会話……江藤 淳・蓮實重彥

19・12 深淵と浮遊 現代作家自己ベストセレクション …… 高原英理編
20・01 乳母車／最後の女 石坂洋次郎傑作短編選 …… 石坂洋次郎
20・01 詩への小路 ドゥイノの悲歌 …… 古井由吉
20・02 庭の山の木 …… 庄野潤三
20・03 稲垣足穂詩文集 …… 稲垣足穂
20・03 つげ義春日記 …… つげ義春
20・04 テクストから遠く離れて …… 加藤典洋
20・04 一人と千三百人／二人の中尉 平沢計七先駆作品集 …… 平沢計七
20・05 村上春樹の世界 …… 加藤典洋
20・06 野川 …… 古井由吉
20・07 男 …… 幸田 文
20・08 ヒナギクのお茶の場合／海に落とした名前 …… 多和田葉子
20・10 数奇伝 …… 田岡嶺雲
20・11 海獣・呼ぶ植物・夢の死体 初期幻視小説集 …… 笙野頼子
20・12 新古今の惑星群 …… 塚本邦雄
21・01 慶応三年生まれ 七人の旋毛曲り
漱石・外骨・熊楠・露伴・子規・紅葉・緑雨とその時代 …… 坪内祐三
21・02 世をへだてて …… 庄野潤三
21・03 柄谷行人対話篇Ⅰ 1970―83 …… 柄谷行人
21・04 葉書でドナルド・エヴァンズに …… 平出 隆
21・05 東京物語考 …… 古井由吉
21・06 ロデリック・ハドソン …… ジェイムズ、H
21・07 溶ける街 透ける路 …… 多和田葉子
21・08 久保田万太郎の俳句 …… 成瀬櫻桃子
21・09 外は、良寛。 …… 松岡正剛
21・10 鳥獣戯画／我が人生最悪の時 …… 磯﨑憲一郎
21・11 憂国の文学者たちに 60年安保・全共闘論集 …… 吉本隆明
21・12 往復書簡『遠くからの声』『言葉の兆し』 …… 古井由吉・佐伯一麦
22・01 半島 …… 松浦寿輝
22・02 漱石山房の人々 …… 林原耕三
22・03 柄谷行人対話篇Ⅱ 1984―88 …… 柄谷行人
22・04 〈世界史〉の哲学 1 古代篇 …… 大澤真幸
22・05 亡命者 …… 高橋たか子

装幀百花《そうていひゃっか》　菊地信義《きくちのぶよし》のデザイン
菊地信義《きくちのぶよし》　水戸部功《みとべいさお》 編

二〇二二年一二月九　日第一刷発行
二〇二三年　一　月二四日第二刷発行

発行者——鈴木章一
発行所——株式会社　講談社
東京都文京区音羽2・12・21　〒112-8001
電話　編集（03）5395・3513
販売（03）5395・5817
業務（03）5395・3615

デザイン—菊地信義
印刷——株式会社KPSプロダクツ
製本——株式会社国宝社
本文データ制作—講談社デジタル製作

定価はカバーに表示してあります。

講談社
文芸文庫

ISBN978-4-06-530022-0

講談社文芸文庫

菊地信義　水戸部 功 編

装幀百花

菊地信義のデザイン

装幀デザインの革新者・菊地信義がライフワークとして手がけた三十五年間の講談社文芸文庫より百二十一点を精選。文字デザインの豊饒な可能性を解きあかす決定版作品集。

解説・年譜=水戸部 功

978-4-06-530022-0
きL1

小島信夫

各務原・名古屋・国立

解説=高橋源一郎　年譜=柿谷浩一

妻が患う認知症が老作家にもたらす困惑と生活の困難。生涯追い求めた文学表現探求の試みに妻との混乱した対話が重ね合わされ、より複雑な様相を呈する——。

978-4-06-530041-1
こA11